後悔を残さない経営

日本M&Aセンター
代表取締役社長
三宅 卓

社長が60歳になったら

- □ 考えるべきこと
- □ やるべきこと
- □ やってはいけないこと

あさ出版

はじめに

あなたは現在60歳を超え、経営者となってから数十年近くがたちました。

これまで何度かあった経営危機を乗り越え、成功を手にして財産も築き、多少の寄り道をしながらも、がむしゃらに前に進み続けてきたことでしょう。そして、気がついたらこの年齢になっていたというのが実感かもしれません。

60代は気力も体力も十分にあり、事業への意欲も衰えてはいないでしょう。まだハードワークの無理も利きますし、社外では業界の組合やロータリークラブなどの幹部に就任し、地元の経済界を牽引する立場として活躍していることでしょう。

取引先との会食や夜の付き合いも盛んで、実際、若い頃より女性にモテる方も多いのではないでしょうか。休日にはゴルフに出かけ、プレイ中は全ラウンドを歩き通して、カートは使わない。スコアは常に90を切って、クラブの月例コンペでも上位入賞が当たり前。まだまだ現役バリバリでしょう。

私はこれまで多くの中堅・中小企業の経営者の方にお会いしてきました。その多くが、60歳を迎えてもなおエネルギッシュかつアグレッシブで、抜群の問題解決能力とリーダーシップで会社を成長させてきた方で、たいていは、もともとがスーパー営業マンかスーパー技術者です。

たとえば部下から、「競合が現れて厳しい値引き交渉を迫られている」とか、「技術的な問題が生じて納品が困難になった」といった報告があれば、瞬間的に脳内でアドレナリンが噴き出し、自ら戦闘服に着替えて現場に赴き、先頭に立って戦い、問題を解決。現場でこそ血が騒ぎ、ピンチになればなるほどやる気がみなぎり、心が燃えます。よくも悪くも前しか見ないタイプで、前向きな問題解決に対しては極めて積極的です。

しかし、60歳は人生のターニングポイントです。5年もすれば病気の適齢期ともいわれる年齢に入っていきます。

若い頃と比べれば、当然体力は落ちていきます。価値観にも変化があるでしょう。実際、人間の脳は年齢とともに抽象的な推論能力が落ちるものの、逆に経験や知識を生かす能力は上がるという研究報告もあります。おそらく皆さんも、若い頃とは仕事の進め方が違ってきているはずです。そうした自分の変化に、あなたは気づいているでしょうか？

今はまだ元気だから、「この調子なら、これまで通り何歳になっても経営ができそうだ」などと思っていても、誰もが永遠に経営を続けていけるわけではありません。これまでと同じようなライフスタイルで生きていては、病気になる確率だって高まります。

会社は誰が引き継ぐのか、後継者がいなければどう対応するのか、自分の財産の状況はどうなっているのか、財産分与はどうするのか、ご自身の健康問題も含めて、一度立ち止まって真剣に考えるべき時、それが60歳だと、私は考えています。

経営者の皆さんは、将来のために、従業員や家族のために、今ご自身がやらなければいけないことは頭ではわかっていることでしょう。

ただ、今はちゃんとやれているため、人からアドバイスを受けても、「おっしゃる通り」「やってみます」などと口では言うものの、その実、ご自身が腑に落ちて納得しない限り、実行も改善もせず、「まだ大丈夫」「おいおい進めていけばいい」「いざとなれば何とかなる」と考えるのです。

しかし、その〝いざ〟という時は突然やってきます。

しかも、あなたの都合など関係なしに必ずやってきます。

それは、人生において最も大きな変化の波かもしれないのです。その変化に、しっかりと対処することが、会社のために、ご家族のために、そして何よりあなたご自身のために大切です。

本書が、これまで頑張って会社を切り盛りしてきた経営者の皆さんのお役に少しでも立てば望外の喜びです。

2018年8月

三宅　卓

第1章

経営者が60歳になったら考えなければならないこと

第2章

60代を、夢を実現する最高の10年間にする

第3章

事業承継を会社の成長戦略に組み込む

第4章

財産シートをつくってみよう！

第5章

賢く財産を引き継ぐための14のQ&A

第6章 私はなぜM&Aを決断し、どのように成功したか

経営者が
60歳になったら
考えなければならないこと

第1章

▼人生の前半と後半それぞれに大きな転換期がやってくる

人生には3つの坂があるといわれます。

上り坂と下り坂と、そして〝まさか〟です。

この言葉は2007年、当時、第90代内閣総理大臣だった安倍晋三さんが突然の辞意表明をした際、前総理大臣だった小泉純一郎さんがコメントしたことで覚えている方も多いでしょう。

これは、もともとは江戸時代の儒学者として知られる荻生徂徠《おぎゅうそらい》の生前のエピソードに由来するようです。落語や講談、浪曲の演目である『徂徠豆腐《そらいどうふ》』に、「まさかというのは、どうしても越えられない坂だ」というくだりが出てくるのです。

江戸の噺家《はなしか》は、人生の機微を読み取り、さすがにうまいことを言うものだと感心しますが、実際、私も65歳を迎え自分を見つめ直しつつ、人の一生を俯瞰して見ると、誰にでもこうした坂があるのではないかと思うようになりました。

私の実感では、最初にやってくる上り坂でのターニングポイントは、成長期である

15歳から20歳の思春期の頃。そして、最後にくる下りの坂のターニングポイントは、経営者人生の総仕上げの時期でもある65歳から70歳頃に訪れると考えています。

小学生の頃は、まだ親の言うことを聞いていればいい時期で、欲しいものを尋ねると、ゲームや漫画などと答えます。それが、中学生ともなれば思春期の真っただ中で、体は大きくなり、自意識が芽生えてきます。しかし、まだ子供に毛が生えたような段階で、自分を取り巻く世界はまだ狭く、何をどうしたらいいのか、自分が何者かもわからず悶々としています。

それが、高校の3年間を経て大学生にもなると、自ら能動的に学んで問いかけ、考え、その答えを探していかなければいけません。プライベートではアルバイトをして自分でお金を稼いだり、彼女もできて、場合によっては同棲をしていたり、結婚についても考えるようになります。将来の目標を尋ねれば、「ファンドマネジャーになって投資のプロフェッショナルになりたい」とか、「商社に入って世界を股にかけて活躍したい」などというように自分が望む将来の姿を具体的にイメージできるようになり、そのために必要な情報や知識も自分で探し、学んでいきます。

ほんの5年間ですが、人としての非常に大きな変化、成長が起きるのがこの上り坂の時期です。

しかし、変化が大きい上り坂だからこそ、目的とビジョンをもって過ごすことが大切なのです。将来を見据えて、どんな仕事に就きたいのか、どのような人生を歩んでいきたいのかをしっかり考えて進んでいかなければなりません。目標やビジョンをもって進まなければこの坂は登りきることができません。

人生の先輩である親や教師の言葉にも耳を貸す、本をたくさん読んで多くの情報を取り込んで自ら考えることも大切です。狭い自分の考えだけで方向性を決めたり、若い勢いだけで進路を決めてしまったりすると間違った方向に行きかねません。

私の場合、中学生の時に写真にのめり込み、将来は社会派の報道写真家になりたいという夢をもっていました。戦場カメラマンとしても著名なロバート・キャパや20世紀を代表する写真家とも評されるアンリ・カルティエ＝ブレッソンらが設立した国際写真家集団「マグナム・フォト」に自分も所属して世界中を駆け回り、決定的瞬間をフィルムに焼き付けたいと思っていたのです。

しかし、好きなことばかりしてうつつを抜かし、夢も曖昧なまま、その日暮らしのような6年間を過ごしたために見事に大学受験に失敗し、社会に出る前には写真家へ

人生には上り坂、下り坂、そして「まさか」がある

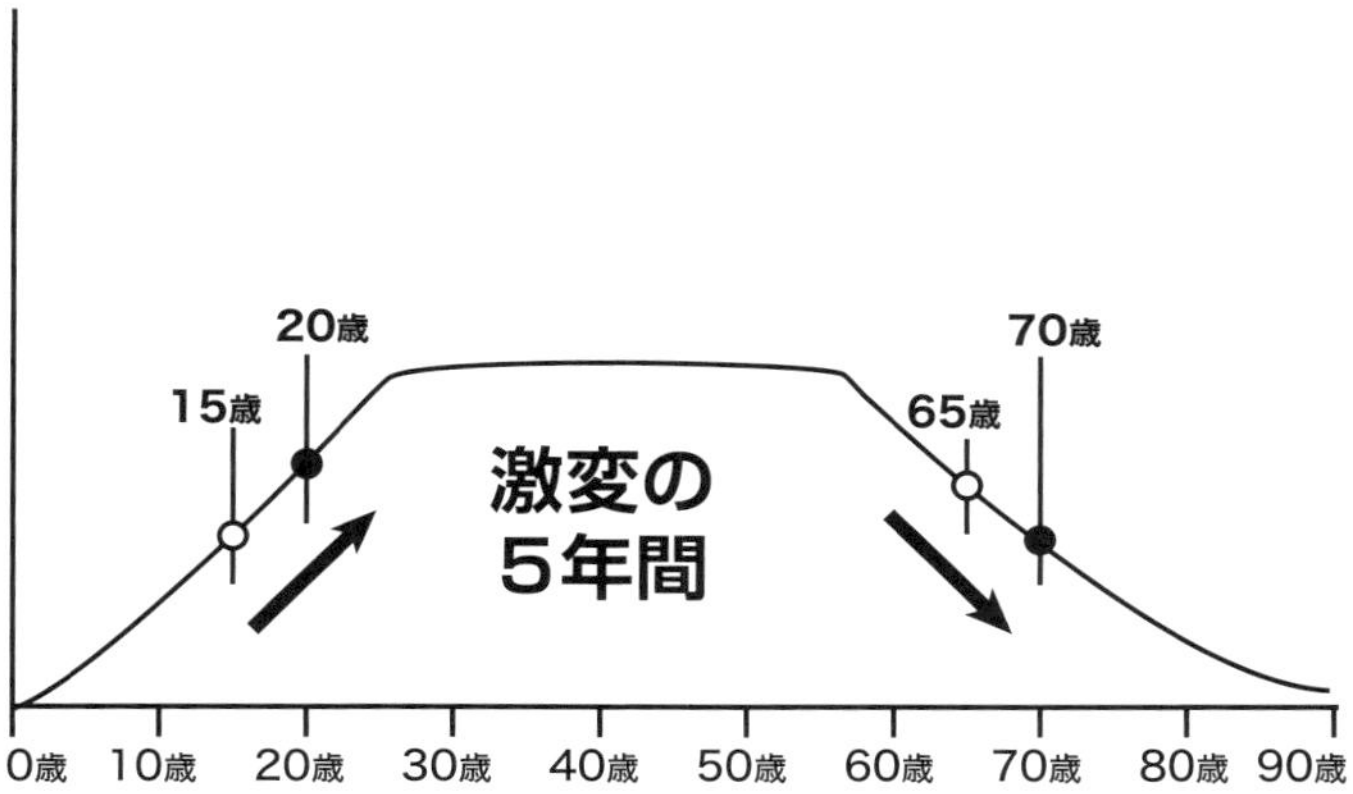

の夢も諦めるという挫折を味わいました。

ただ、たとえこの人生の上り坂で失敗しても、それからの長い人生で挽回することは十分できます。挫折を大きなきっかけや糧にして、人生の飛躍への一歩にして進んでいけばいいのです。

また、子供の頃の夢というものは、その後の人生で忘れてしまったように思えても、必ず自分の中のどこかで生き続けているものです。私も、写真家になりたいという夢が、今でも自分の中に生き続けています。

このような子供の頃の夢やあこがれが、リタイア後の人生におけるライフワークや生きがいに変化していくこともあります。

問題なのは、もう1つの坂、人生の総仕上げともいえる最後の下り坂で準備を怠ってしまい失敗することです。そして、その前に〝まさか〟というような出来事が起きることが人生には往々にしてあるのです。

▼想定外の出来事を経験し自らの人生を考え直す

「おや？　昨年にはなかった影がありますね……。精密検査を行ったほうがいいかもしれません。専門医に診てもらいましょう」

２０１６年10月、私は人間ドックを受診しました。診察室で自分の腹部のエコー画像を見つめながら、診断の結果を話す主治医の説明を聞いていました。

初めは渋々でしたが、55歳からは毎年必ず人間ドックには行っていました。それでも、まさかの時がやってきたのです。

私は典型的な仕事人間です。これまでの40年あまり、過去を振り返らずひたすら前だけを見て、全力をつくして仕事に取り組んできました。とにかくポジティブなことしか考えない。自分の興味のあることだけに目を向けがちな人間です。

過去は振り返らないといえば格好いいのですが、自分が何年に社長になって、いつ会社を上場させたのかと聞かれても、スラスラと答えられません。恥ずかしながら、秘書に処理してもらう前までは、交通費や交際費などの領収書は4カ月以上も溜めこんでいました。とても部下に偉そうなことなど言えたものではなかったのです。

とにかく、後ろ向きのことにはいっさい手をつけようとしない。なぜなら、事業経営には面白いことがたくさんあるからです。新しいビジョンを創って、それを実現していくことほど楽しいことはありません。新規事業の計画を立てる。新しく設立する事業所やファンドの準備をする。新規に採用した社員を教育する。やりたいことや、やるべきことが次々と生まれてきます。すると、どうしてもそちらに思考が向かっていってしまうのです。

健康に関しても同様で、多少調子が悪くても無理を重ねて仕事をしてきました。30代の頃から徹夜を繰り返し、接待だ、会合だといっては浴びるようにお酒を飲んできました。

一度、経営者になれば途中で投げ出すことはできません。連帯保証や担保は死ぬまで外れませんし、従業員とその家族の人生もかかっています。そうしたプレッシャーを常に感じながら生きていくのは相当なストレスがかかるものですが、私はむしろプレッシャーを自分のエネルギーに換えて、これまで経営を続けてきました。と言うより、正直なところ、ストレスを感じていたという自覚がなかったのです。

ただ、当然ですが頭ではわかっていました。これだけ不健康な生活をして無理をしていれば、そのうち体のどこかを壊してしまうことも。それでも、目に見えた自覚症状がなければ、「大丈夫」と高を括っていたのです。それは、多くの経営者の方も同じかもしれません。

病気が見つかった時、私がまず思ったことは、「やはり、人間というのは病気になるものなのだ。その宿命からは逃れられないのだ」という当たり前のことでした。ただ、こういう時でも、私は前しか見ないのです。死に対する恐れは、あまり感じませんでした。むしろ、自分のことは客観的に見ることができました。どのような治療をしていけばいいのかを主治医と相談し、方針を決定しました。私はできるだけのことをして最善をつくそうと決心しました。

幸い手術は成功、２週間後には仕事に復帰し、現在もまた以前以上に健康に忙しく働いています。しかし、この時から私の中で何かが変わったことを自覚していました。

それは人生のステージ、フェーズが確実に変わり、自分が壮年期から老年期に突入したということでした。

気持ちはいつまでも青年期のつもりでも、肉体は壮年期を過ぎ老年期に入っていたのです。その事実を受け入れた時、私は一度立ち止まって自分自身を見つめ直し、これからの5年、10年の生き方について模索しました。そして、人生の総仕上げの段階に入った経営者の方々がこれから次世代に引き継いでいくべきこと、ものについて深く考え始めたのです。これは事業承継と成長戦略のプロフェッショナルとして、27年間M&Aに携わってきた者の務めだと感じたのでした。

そこで見えてきたことを自分の人生と照らし合わせながら、「60歳という人生のターニングポイントで考えるべき5つのこと」としてリストアップし、経営者の皆さんにお伝えしていこうと決意したのです。

考えるべきことは、次の5つです。

①自分の健康について注意を払うこと
②事業承継の準備を始めること

③さらなる会社の発展・成長を実現すること
④財産の承継の準備を始めること
⑤リタイア後の人生を豊かなものにすること

それぞれについて、細かく説明していきましょう。

60歳になったら考えること①

自分の健康について注意を払う

▼半数以上が三大疾病で亡くなっている

ここではまず、あえて後ろ向きなお話をします。病気についての話です。

ご存知のように、いわゆる三大疾病とは現代日本人の死因の上位を占める「がん」、「急性心筋梗塞」、「脳卒中」のことです。厚生労働省が公表しているデータ「平成26（2

014）年患者調査の概況」によると、日本における患者数の上位は、第1位が「心疾患」で172・9万人、第2位が「がん（悪性新生物）」で162・6万人、第3位が「脳血管疾患」で117・9万人となっています。

これも厚生労働省のデータですが、「平成27年人口動態統計（確定数）」によると、死亡数の第1位は「がん（悪性新生物）」で37万人、第2位が「心疾患」で19・6万人、第3位が「肺炎」で12・1万人、第4位が「脳血管疾患」で11・2万人となっており、三大疾病だけで死亡原因の半数を超えることになります。

また、国立がん研究センターが公表している2013年のデータでは、男性のがん罹患率（生涯でがんに罹患する確率）は62％、女性は46％になっています。つまり、日本人の半数以上が一生のうちに三大疾病に罹患し、死亡しているという現実があるのです。

ちなみに、男性の老衰での死亡率は3・1％、不慮の事故は3・3％（「平成27年（2015）人口動態統計（確定数）」厚生労働省）ですから、65歳を過ぎるといかに疾病で亡くなる確率が高くなるかがわかります。やはり、65歳からは「病気の適齢期」であるという事実を、多くの経営者の方も直視するべきでしょう。

私の場合、人生の大きな変化のきっかけの1つは病気でした。そこで、まず私が考えたのは自分の体のことです。とりあえずは治療が成功したものの、今後さらに私の体は老化していきます。免疫力が低下していき、血管も弱くなっていきます。

▼体は新品には戻らない

一度壊れた体は、たとえ手術や治療で回復したとしても、元の通りには戻りません。仮にテーブルの上にあるグラスを落として割ってしまったとします。割れた破片を拾い集めて接着剤でつけ合わせて、とりあえず使える状態に修復したとしても、決して元の姿、新品の状態に戻らないのと一緒です。

それに、いつまた病気が再発するか、あるいは他の病気になるかわかりません。こうしたリスクについては、日常の生活を改善し、主治医を信頼して、できる限り病気にならないような生活をしていかなければいけません。

自分のことを一番わかっていないのは、他ならぬ自分自身かもしれません。やはり人間には、自分を映し出す鏡のような存在が必要なのです。

健康に関しては、きちんと人間ドックや脳ドック、がん検診などで定期的にチェックをしてもらい、専門医から「あなたの今の体の状態はこうですよ」と診断を受けて、今後の方針についてアドバイスをもらい、運動、食事、睡眠など生活習慣全般に気をつけていくといった、当たり前のことが大事なのです。

そして何よりも大切なことは、病気になってしまってからでは遅い、という事実を認識することです。どの世界にも80歳、90歳を超えても健康で活躍されている方がいますが、ならば自分もその人たちのようにずっと健康で活躍できるはずだ、などと勘違いしてはいけません。そんな保障など、どこにもないのです。

この先の70歳、75歳、80歳という年齢になっても元気で、納得して生きていくためにも、人生の大きなターニングポイントである60歳からセルフケアをしていかなければなりません。これまで事業では多くの改善を行ってこられたと思いますが、ここからは自分の健康、生活習慣も改善していくことが重要なのです。

経営者の体は、自分だけのものではありません。社員、その家族、取引先、会社を取り巻くすべての人たちの人生と生活がかかっています。だからこそ、自分の健康について後回しにせず、前向きに取り組むことが大切なのです。

60歳になったら考えること②

事業承継の準備を始める

▼深刻化する後継者不在問題

60歳になった経営者が次に考えるべきことは、これからの会社の将来をどうしていくかということです。ここではまず、会社を存続させて残していくことの重要性について考えてみます。

ご自身が創業してから数十年、ここまで育ててきた会社ですから、経営者にとって会社は子供のような存在といえます。従業員とその家族の生活も背負っているわけですから、会社を今後も存続させて永続企業にしていくことは、経営者にとっての至上命題です。

現実には会社を存続していくことがいかに大変であるかは、ご自身が一番よくわかっていることでしょう。

東京商工リサーチが公表している統計データ「２０１７年　業歴30年以上の老舗企業倒産調査」によると、２０１７年に倒産した企業の平均寿命は23・5年となっています。かつて会社の寿命は30年といわれた時代がありましたが、人間の寿命が延びているのと反比例して会社の寿命が縮まっていることがわかります。

また、「２０１１年版　中小企業白書」の統計データによると、創業から10年後には約30％の企業が倒産し、20年後では約50％の企業しか生き残れないという結果が出ています。

このように厳しい経営環境の中、ここまで30年以上も会社を存続させてきた皆さんはすばらしい経営者です。

しかし、少子高齢化による人材不足や経営環境の変化による事業の将来性への不安など、さまざまな問題があり、すんなりとは事業承継できないケースが増えています。その中でも、近年メディアなどでも取り上げられているのが後継者不在問題です。

「２０１７年　後継者問題に関する企業の実態調査」（帝国データバンク）によると、国内の企業の約３分の２にあたる66・5％に後継者がいないという結果が出ています。

年代別では、社長が80代の企業で34・2%、70代で42・3%、60代で53・1%、50代では74・8%が後継者不在となっています。

地域別では、後継者不在の企業が最も多いのは北海道で74・0%、次いで中国地方の70・6%、関東地方の68・1%、近畿地方の67・9%の順。

都道府県別では、不在率が最も高かったのは沖縄県の86・2%、次いで山口県の75・7%、広島県の74・7%、北海道の74・0%、鳥取県の73・2%、神奈川県の72・6%、大阪府の72・3%。一方、最も低かったのは和歌山県の37・8%、佐賀県の39・6%、宮崎県の41・3%の順です。

業種別では、サービス業の不在率がもっとも高く71・8%、以下、建設業が71・2%、不動産業69・0%、小売業67・4%、卸売業64・9%。

売上規模別では、1億円未満の企業では78・2%、1〜10億円未満の企業では68・6%、10〜100億円未満の企業では57・2%が後継者不在となっています。

▼「後継者がいない」典型的な3つのケース

後継者がいないという理由の背景には、経営者の皆さんが直面するさまざまな現実があります。たとえば、次のようなものです。

①後継者となる子供はいるが、そもそも親の会社の事業に興味がない、またはすでに自分の仕事と家族という人生の基盤をもって生活しているため親の会社を継ぐ意思がない。

②子供はいるが、経営者としての資質に欠けるため会社を継がせることができない。

③経営者の資質をもつ子供がいて、本人にも会社を引き継ぐ意思はあるが、時代遅れの業種のため、先行き不安があって継がせることができない。

経営者の方々からは、次のような話をよく聞きます。

「私の息子は高校時代から優秀で、勉強も運動もよくできた自慢の息子でした。高校を卒業して東京の慶応大学に進学できた時は、天下を取ったように嬉しかったものです。

大学で学ぶうちに、これからは国際的な視野に立ってビジネスをしなければ乗り遅れると言い出して、大手総合商社に就職しました。その会社で大活躍している様子で、現在はニューヨーク支店の副支店長をしています。帰国するたびにいつも海外ビジネスのすばらしさを楽しげに語り、また社内で評価されているので取締役までは出世できるだろうと考えているようです。

そんな息子に、田舎の中小企業を継いでほしいなどとは絶対に言えません。また、大企業で仕事ができる能力と、中小企業で社長として仕事ができる能力は違うと思うので、無理に連れ戻しても、成功するかどうかはわからないと思っているのですよ」

これはまさに、息子さんが自分のライフワークをもって、それを生きがいに頑張っている①の典型的なケースです。

また、次のような話もよく聞きます。

私が、「社長、息子さんが社内に入ってくれて幸せですね！　先ほども玄関でお会いしましたが、元気一杯に挨拶してくれましたよ」とほめると、社長は「ウ～ン。町内の青年部会や、若手の経済団体等では非常に人気者なんですけどね……」と浮かぬ顔で答えます。

「どうしたのですか？」と聞くと、

「どうも息子は、経営者としての資質に欠けているようなのです。社内では古い社員からはボンと呼ばれて相手にされていないし、若手からは人望がなくて親の七光りだと噂されている。自分もそれに気がついていて、会社が面白くないので6時になったらさっさと退社し、街の飲み屋街に出て憂さを晴らしている。だから町の若い経営者連中からは人気者なのですが、彼を後継ぎにしても、会社を引っ張っていくことはむずかしいと思うのです」としみじみと答えられます。

これは、親も息子もつらい②の典型的なケースです。適性のない息子に無理やり継がせても、「継がす不幸」が待っているだけです。

こんなケースもありました。

社長は繊維問屋を経営している2代目です。

初代社長の頃は、繊維問屋は花形産業で事業も順調に伸びてきました。2代目の社長の息子は子供の頃から会社を継ぐ気持ちが強く、「おじいちゃんの次はお父さん、お父さんの次は自分だ」と思って育ってきました。現在大学生ですが、家を継ぐなら大手繊維商社に就職して修業しようと考えています。

しかし、社長はこう言います。

「三宅さん、私は息子に継がせるべきかどうか、本気で悩んでいます。それは２つの点からです。

１つは、問屋という事業形態がすでに古くなっていて、今後社会からは必要とされない時代になるだろうと肌で感じているからです。

通信網も流通網もなかったかつての時代には、問屋の通信機能・在庫機能・配送機能・マーチャンダイジング機能は社会的に必要とされてきました。しかし現在ではインターネットが発達し、宅配が発達し、問屋の存在意味がなくなりつつあります。しかも小売りが大手化して力をもち、ＰＢ商品の開発も進んでいます。メーカーと小売、メーカーと消費者が直結していく時代です。

２つ目は、最近は Amazon や ZOZOTOWN、メルカリ等が台頭して、消費者はそれらを活用して『安く、早く』商品を買う時代になってきました。我々中堅中小の問屋では、彼らのような商品点数、低価格を実現することは絶対に不可能です。

繊維問屋に20年、30年後の未来はありません。息子を次期経営者として継がせたら、22歳の息子は65歳まで40年間商売をしなければなりません。多くの負債と、それに係わる連帯保証・担保提供を抱えたまま20年、30年と経営を続けていけるとは考えづらいのです。息子にどんな話をして、進路を決定させたらよいのか……。私は、息子には継がせられないと考えています」

典型的な③のケースです。

後継者に継がせるためには、後継者の資質や気持ちだけではなく、継がせる会社の事業の将来性もよく考えなければなりません。

当社にM&Aや事業承継の相談に来られる中堅・中小企業の経営者は年々増加しており、私はこの問題の大きさを肌で感じています。

今後、後継者不在問題はさらに顕在化していき、多くの企業の命運を左右する問題になっていくことは間違いないでしょう。

▼病気になったM社長のケース

以前、ある深刻な相談が当社にもち込まれたことがあります。非常にむずかしい案件だったため、私にとっても忘れられないM&Aの事例です。

この会社は中部圏のある都市で金属加工業を営んでおり、年商は7億円、社員は40名ほど。社員のほとんどが、高校を卒業後に旋盤工として働き始め、勤続年数は20~30年という人たちでした。

社長のMさんは当時73歳。非常にまじめで責任感の強い、仕事一筋という職人気質の人でした。Mさん自身も腕のいい旋盤工で、地元の工業高校を卒業後、集団就職で名古屋に働きに出て就職。18歳からひたすら旋盤を回し続け、技術を磨き、社内からだけでなく取引先からの信頼も得ていったといいます。

10年が過ぎた頃、Mさんはある取引先の社長からこんな話をもちかけられました。

「そろそろ独立して、うちの専属で仕事をやってみないか」

これは人生の大きなチャンスだと考えたMさんは、この取引先の社長からも出資を受け、中古の旋盤1台を手に入れて独立。自分の会社を創業したのでした。

仕事の受注は順調に増え、業績は右肩上がりで伸びていきました。人材の採用にも積極的だったMさんは地元の工業高校を訪問しては見込みのありそうな生徒を1人ひとりスカウトし、一からていねいに技術を教えて育てていきました。そうした地道な活動のかいもあって、優秀な社員も増えて安定した経営基盤を築き、地元でも名前の知れた優良企業に成長していったのです。

そんなMさんでしたが、やはり病気には勝てませんでした。末期のがんが見つかったのです。

少し前から自分の体の異変は感じていたといいます。しかし、多くの経営者と同様に前しか向いていない積極的なMさんは「まぁ大丈夫だろう」と仕事を続けていたところ、体調が急激に悪化して緊急入院をすることになってしまったのでした。

Mさんは瀕死の状態で、余命3カ月の宣告を受けました。しかし、そこからなんとかもちこたえ、寝たきりの闘病生活は6カ月を過ぎました。なぜ、命を長らえることができたのかといえば、死ぬに死ねない事情を抱えていたからです。Mさんを生かしているのはただ1つ、社員たちへの思いでした。

自分が死ねば会社は清算・廃業するしかない。廃業してしまえば、ここまで手塩にかけて育て、苦楽を共にしてきた社員を解雇しなければならなくなる。全員が再就職できればいいが、このご時世ではそれもままならないだろう。そうなると、社員とその家族たちの生活はどうなってしまうのか。

家庭をもっている社員はすべて結婚式に出席し、そのうちの多くは自分が仲人を務めてきた。奥さんのこともよく知っているし、子供が生まれれば全員にお祝いをしてきた。目をつむれば、全員の顔が浮かんでは消えていく。あいつらを路頭に迷わせることだけはしたくない。なんとか会社を引き継いでくれる人はいないものか……そうした切実な思いがあり、顧問税理士を通じて当社に相談がもち込まれたのでした。

早速、私が工場にうかがったところ、あることに気づきました。社員たちからの挨拶がないのです。「こんにちは」と声をかけても、「あぁ」や「どうも…」と言ったきり旋盤を回し始めるのです。そんな調子ですから、電話が鳴ってもろくな応対もできていませんでした。

以前にも経験があるのですが、こうした職人たちは1日中機械を回して仕事をしてきたために、お客さんへの対応などが非常に下手な場合が多く、愛想よくコミュニケーションをとることが苦手なのです。そうなると、飲食などのサービス業やタクシー運転手に転職することもむずかしいでしょう。また、時代はデジタル制御のMC旋盤が主流ですから、いくら腕はよくても昔ながらの技術しかもたない旋盤工の再就職はかなり厳しいと言わざるを得ません。

そうなると、社員たちの家族の未来はどうなってしまうでしょうか。家計は一気に困窮します。高校生の子供は高校を中退せざるを得なくなり、進学や就職で自分の目指す道には進めなくなるでしょう。それどころか就職口も見つからずフリーター生活、最悪の場合は引きこもりや日陰の人生を送ることになってしまうかもしれません。万が一、そんなことになれば何の罪もない子供たちが報われない人生を送るきっかけをつくってしまうことになるのです。

生まれたばかりの赤ちゃんだった社員の子供たちは、ここまで順調に成長した。それなのに、自分のせいで彼らの未来を壊してしまうことになるかもしれない。Mさんはそればかりが心残りで、なんとか会社の引き継ぎ先が見つかるまでは死ぬわけにはいかないと、今にも消えそうな最後の命の火を燃やしていたのです。

そこで我々は、すぐにMさんとアドバイザリー契約を結び、案件化の作業に入りました。案件化とは、売り手の企業評価をして株価を算出し、企業概要書を作成して買い手企業の候補をリストアップすることで、普通は4、5カ月はかかるものです。それを1カ月でやり終え、最適なお相手をマッチングし、売り手と買い手双方の企業の社長の顔合わせであるトップ面談にまでこぎつけたのです。

我々がM&Aの打診をして、最終的に買い手候補になったのは名古屋市に本社を構える会社でした。社長は当時65歳。金属加工業だけでなくメッキ加工も手がけることで表面処理までを一括で請け負い、売上げを伸ばしていました。規模としてはMさんの会社の10倍ほどで、お相手としては申し分のない企業です。

トップ面談の日、買い手企業の社長にはMさんのいる病室まで来ていただきました。Mさんは点滴をつながれ、苦しそうに息をしていましたが、しっかりとした言葉でこれまでの経緯を話し始めました。技術者同士、馬が合ったのでしょう、技術論で大いに話が盛り上がり、トップ面談は和やかに進みました。

帰りがけ、買い手候補の会社の社長がMさんに言いました。

「社長、心配しなくてもいいですよ。社員は全員、私が面倒をみる。1人もクビにはしないし、工場も閉鎖しない。安心してください」

それを聞いたMさんは静かに涙を流しました。隣にいた奥様は点滴がつながるMさんの手の上に、そっと手を重ねていました。

1週間後、両社は基本合意契約を締結。それから数日後に奥様から電話をいただき、Mさんが亡くなったことを知らされました。安らかなお顔をしていたと聞いて、私はこの1カ月余りの激動の日々を思い出していました。Mさんが最後の最後に肩の荷を降ろして旅立つことができて、本当によかったと思いました。

▼会社に関わるすべての人のために事業承継を成功させる

1カ月後、相続の問題を解決し、無事M&Aの成約をすることができました。会社が存続することでMさんの名誉は守られ、奥様とご家族には会社の売却益が入り、これからの老後を安心して暮らせる目途が立ちました。

もしM&Aが成立せずにMさんが亡くなっていたら、会社は清算することになり、奥様には多額の借金が残っていたでしょう。

多くの場合、会社は金融機関などから多額の借入れをして設備投資を行い、経営をしています。会社を清算するとなると、工場や機械設備は廃棄処分になってしまいます。今ではこうした工場や設備は余るほどあり、買い手がつかないからです。土地を売却するにも清算処理には期限があるため、値引き交渉に応じざるを得なくなり、思ったような金額で売却できることは稀です。結局、借入れの返済のために自宅を売却し、全財産を処分しても借金が残ってしまい、70歳を過ぎて自己破産というケースも多くあります。

このような場合、残された奥様にも大変な苦労を背負わせてしまうことになります。夫婦二人三脚でここまで会社を支えてきた。地元の名士の奥様として暮らしてきて、老後も豊かな生活が送れるはずだった。それなのに、最終コーナーを回った先に、まさかの困窮が待っていた……。そんな結末は、あまりにも寂しく、残酷な人生の幕切れなのではないでしょうか。

そして何よりも、Mさんが最も心配していた社員全員の雇用が継続されたことで、その家族たちは生活の基盤を失わずにすむことができました。

社員の家族に高校生がいた場合のことを考えてみてください。会社が廃業となって、お父さんが解雇される。工員としてまじめに働いてきたお父さんは職人としては一流だけれど、旋盤を回し続けて25年なのでコミュニケーション能力に欠ける。

自慢の技術もNC旋盤ではなく古い手動式旋盤なので、再就職が決まらない。仕方なく、高校生の子供は高校中退になってしまう。高校中退になった多くの子供たちがどのような人生を歩まなければならないか、想像してみればわかります。その子たちにはなんの罪もないのに、苦労に満ちた人生、夢を諦めた人生を歩まなければならないケースが多いのです。これは経営者の責任です。

しかし、M&Aがうまくいって、事業が継続されたなら子供たちは高校を卒業し、地元の大学に通い、社会に出て活躍し、素敵な結婚をして楽しい家庭を築くことができます。

このように、社員やその家族の人生に大きな責任を背負っているのが経営者ではないでしょうか?

今回のケースでは、M&Aによって会社に関わるすべての人が幸せな人生を進む道筋ができました。皆さんがMさんに感謝していることでしょう。

しかし私は、このM&Aが決して最善の形だとは思っていません。これほど切羽詰まった状況になる前に、もっと早い段階から事業承継の検討を始めて準備を進めていたなら、ここまでMさんは苦しまずにすんだはずだからです。

会社がなくなってしまえば、財産や資産としての金額的損失だけでなく、社長ご自身や家族、そして社員とその家族、さらには取引先や地域社会にとっても大きな損失になってしまいます。

また、会社は自分の代で終わらせて廃業すればいいと安易に考えている経営者もいますが、現実的にはそれほど簡単なことではありません。最悪の場合は全財産を失い、自己破産することもあり得るのです。

会社が存続できた場合とできなかった場合の大きな差を、経営者はもっとリアルに認識するべきだと思います。

会社が存続できなかった場合、経営者自身さまざまな後悔の念にかられるでしょう。そして社員とその家族は、深刻な人生の不幸、それこそ地獄を経験しかねません。しかし存続させることができれば、会社に関わるすべての人の未来の夢が開けてくるのです。

このように、いつ、誰に、どのような形で事業承継をしていくのかは、経営者にとって非常に重要なテーマであることをしっかりと認識し、遅くとも60歳のタイミングで事業承継の準備を進めていただきたいと思います。

60歳になったら考えること③

さらなる会社の発展・成長を実現する

▼夢がくすぶり続けている

60歳になった経営者は、事業承継の準備を始める一方で考えるべきことがあります。それは、ご自身の夢の実現、経営者なら誰もが願う会社のさらなる成長と発展です。

皆さんは会社を創業してからこれまで、さまざまな困難を経験しながらも乗り越え、経営を続けてこられたと思います。しかし、それでもまだご自身の中でくすぶり続けていることがあるのではないでしょうか。理屈や建前を抜きにして、やはりビジネスというのは夢がなければ面白くありません。

私自身、50歳の時に、非常に強い焦燥感と危機感に襲われました。

その頃の私には、自分なりの成功イメージがありました。ビジネス面では、「会社はこのくらいの規模にまで拡大できるだろう」とか、「自分は上場企業の社長にはなれるのでないか」など、個人的には、「このくらいの家を建てて、こんな車に乗りたい」などです。

ところが、その時気づいたのです。「会社はまだ小さいし、上場もしていない。経済的にも、まったく豊かではない」と。日々の仕事に追われることを言い訳にして、汲々としているのが現状でした。

現実の自分は、思い描いていた将来ビジョンや成功イメージとはえらくかけ離れている。山にたとえるなら、自分はまだ6合目あたりをうろうろしている状態だ。「ターニングポイントとなる60歳までの10年間で頂上まで登らなければいけないのか……」と思った時、将来ビジョンの不確かさとともに、自分の甘さを痛感したのです。

そこで私は考えました。これから会社が進むべき道を真剣に見つめ直さなければいけない。会社の規模を拡大していくべきなのか？　それとも規模は大きくなくても高生産性の会社として、社員がある程度以上の高報酬を得るプロフェッショナル集団としてやっていくのか？

その時、私が気づいたのは、ここまでの10年間、自分たちがやってきたのは、全国

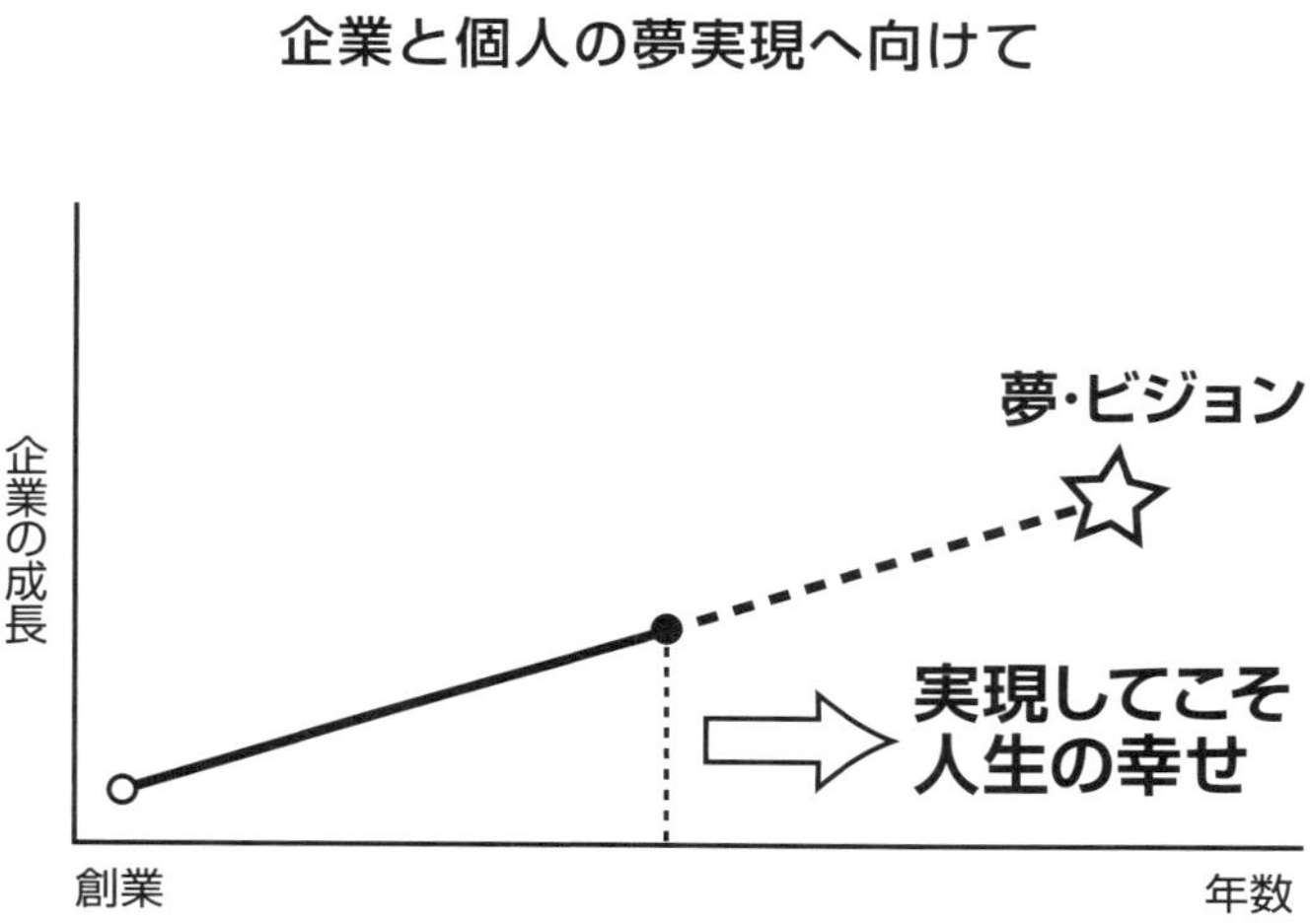

の経営者の方々に喜んでもらえている仕事だということでした。「三宅さん、会社を残してくれて本当にありがとう」と言っていただいた社長の皆さんの顔が私の脳裏に浮かんできました。

「M&Aという仕事には社会的使命がある。そうであれば、会社をもっともっと大きくして、1人でも多くの経営者の方々の悩みを解決したい。そして、M&Aで手にすることができるメリットを享受していただきたい」

私の覚悟が決まった瞬間でした。

そこで私は改革に乗り出しました。外部には「日本M&Aセンターは生まれ変わる!」というメッセージを発信し、社員たちには私の思いを伝え、「これから会社を大きくしていく！　我々の仕事には社会的責任がある。もっと多くの企業にM＆Aの恩恵を与えていきたい。そのために本気になって仕事をする。嫌なやつは辞めてくれ」と宣言し、方針に共感できない役員などには辞めてもらいました。本気で会社のため、日本中の経営者のために仕事をする社員たちだけで、上場を目指して再出発したのです。

その後、5年でマザーズ市場に上場し、その翌年には1年2カ月という異例のスピードで東証一部上場への変更を果たすことができました。

今、私は次なる夢の実現に向けてラストスパートをかけている真っ最中です。私には、まだまだ実現したい夢が山ほどあるのです。もちろんそれは、全国の経営者の方のための事業です。

▼最盛期に次の一歩を踏み出す

私の場合は、たまたま50歳の時が、経営者としての夢の実現に突き進むタイミングとなりました。しかし、中には60歳で飛躍のきっかけを迎えたり、挑戦を始める経営者もいるでしょう。

ただその場合は、60歳という年齢が、自分の理想やビジョンを実現する最後のチャンスだと自覚することが大切です。ラストスパートに入るのは今しかないという覚悟をもって、経営に当たる必要があります。

ちなみに、子供に引き継ぐにしろ第三者に引き継ぐにしろ、事業承継のタイミングに合わせて会社のさらなる成長、発展を実現するというのが、現在多くの経営者が実行している戦略です。なぜなら、子供や親族にただ会社を継がせた場合は、創業社長がつくってきた会社の成長曲線の延長線上でしか今後の成長が見込めないケースがほとんどだからです。少子化などによる日本の経営環境の悪化を考えれば、創業社長の成長モデルでは経営が悪化してしまう可能性も大いにあります。

そうした事態を打開するためには、たとえば子供が会社を引き継ぐ第2創業のタイミングで他社を買収して盤石の態勢を築いてから事業承継する方法や、ファンドを活用する方法、または大手企業の傘下に入って成長戦略を実現する方法などがありますが、これらについては次章以降で詳しくお話ししたいと思います。

60歳という年齢は気力も体力も十分で、経営者にとっては何にでもチャレンジできる、最も脂がのった最盛期です。さらなる会社の成長と発展への一歩を踏み出しましょう。

60歳になったら考えること④

財産承継の準備を始める

▼財産承継の準備をした私に起きた大きな変化

皆さんは、ご自身の健康についてしっかりケアをしていくことを決意しました。事業の承継についての準備を始め、経営者として最後の仕上げである「企業の成長戦略」にも着手しました。次に考えるべきことは、家族に引き継ぎ、残していくべきもの、つまり財産の承継についてです。

おそらくあなたは、「まだ先のことだから、おいおい考えていけばいいだろう」と考えていると思います。しかしここから先は、もういつ大きな病気をしても不思議ではない、というくらいの考えで日々を生きていくことが大切です。

一族の長たるあなたは、財産をめぐっての混乱が起きないように事前に手を打ち、家族を正しい方向に導いていかなければなりません。

私はこれまで、事業承継のプロフェッショナルとして27年以上M&Aに携わってきました。さまざまな事情を抱えた会社のM&Aの現場に立ち会い、多くの問題を解決してきたのです。

中には、我々M&Aコンサルタントでも手の打ちようがなく、経営者の方の力になれなかったこともありました。しかし、多くの経営者の人生に接していくうちに気づいたことがあります。それは、事業の承継だけでは、経営者のサポートとしては不十分だということです。我々は事業と財産の両方の承継のサポートができなければ、「本当のプロフェッショナルだ」と胸を張って言えないのではないかと考えたのです。

また、経営者にとっても、事業の承継と同時に、これまで血のにじむような努力の末に築き上げてきた財産の承継もできなければ、本当の意味での成功とはいえないのではないでしょうか。

事業では自分が関わってきた人たち、たとえば社員とその家族や取引先が幸せになり、さらには地域経済が豊かになっていく。そして財産の面では、子供や孫にしっかり引き継いでいくことで一族が繁栄していく礎になる。この両方ができて初めて〝生きてきた証〟を残すことができたといえるのではないかと思うのです。

そこで私は、財産承継のプロフェッショナルである青山財産ネットワークスという会社と共同で、「事業承継ナビゲーター」という会社を新たに立ち上げました。2016年8月のことです。

事業承継ナビゲーターでは、事業の承継と財産の承継、そして財産活用の観点から、会社と経営者個人、さらにはご家族にとって最適な承継の形を導き出すためのサポートを行っています。

シェフが自分の新作料理の味見をせずに、お客様に提供することがないように、私自身が実際にコンサルテーションを受けてみなければ経営者の方々にサービスをお勧めするわけにはいきません。そこで私も自分でお金を支払って、財産承継のコンサルテーションを実際に受けてみたのです。

私はそれまで自分の財産について考えたことはありませんでした。いくらあるかも興味がなく、殖やしたいとも思わないし、ましてや相続などまったく興味がなく、ただただ仕事が面白くて必死で働いてきました。もちろん物欲や上昇志向は強いので、収入にはこだわっていました。楽しく、豊かな生活をしたいし、趣味も十分に楽しみたい。でも、財産には本当に興味をもっていなかったので、自分の財産承継についてのコンサルテーションは初めてのトライです。興味津々でスタートしました。

まず専門の税理士に、自分の財産について何がどれくらいあるのかを分析をしてもらいます。財産の棚卸です。

次に、それらの財産について自分はどのようにしていきたいのかのヒアリングを受けます。これは財産分与に関することです。

そして最後に、遺言書を作成しました。これは法的な効力をしっかり担保し、自分の死後に家族間における争いが起こるのを防ぐためです。

もちろん私自身、この数年間、財産のことは多少は気になっていました。銀行や証券会社のウェルス部門から、「このままだと相続税が大変ですよ！　一度提案させてください」と常に言われていたからです。それでも、いつものように面倒なことは後回しにしていたのです。ですから、この機会にすべてさらけ出し、机の上に並べて整理して、判断してもらったわけです。

すると、今までに経験したことのない変化を感じました。心の中にあったモヤモヤとしていたものが晴れて、言葉では表せないような爽快感を感じたのです。

現在の自分の財産状況と、それに対する相続税額を算定してもらうと、将来的に財産がどれだけ目減りするのか、子供がどれくらいの金額の相続税を支払わなければいけないのかが数字によって明確になります。

そうした現状分析に対して、自分はどう考えているのか、これからどのような財産分与をしていくのか、ナビゲーターからのアドバイスをもらいながら決定していくことで、自分のビジョンの輪郭がはっきりとしていきます。

子供たちも30代になっています。私が85歳で死ぬとしたら、息子は60歳くらいです。その時に財産をもらってもしかたがないでしょう。息子や娘にお金が必要なのは30～40代です。住宅を整備し、子供に十分な教育をしていくためには、多大なお金が必要です。本当に息子や娘がお金を必要としている時にこそ財産分与していかねばならないことにも気がつきました。そして、その内容を遺言書に記して保管しておくことで、万が一の時の安心を得ることができるのです。

私は、財産分与の仕方、相続の仕方、経営権に関する方針等をまとめてもらって、息子、娘、その家族に対してしっかりと伝えました。

その結果、彼らもモヤモヤしていたものが明確になったようです。オヤジにはどれだけの財産があり、自分の30代、40代にどれだけの支援が受けられるのかがはっきりしたからでしょう。

私自身は、相続のあり方、税金の支払い方、会社の経営についての考え方も明確になり、自分の人生の方針を決めることができるようになりました。私が感じた爽快感は、たとえるなら、断食をすることで長年体内に溜まったドロドロとした汚れたものが全部出て、スッキリしたという感覚でした。財産の承継について考え、準備することは、まさに人生のデトックスをするようなものだと実感したのです。

▼一族の繁栄の礎を築くのは成功者としてのあなたの役目

財産の承継の準備を進めるうえで大切なことは、次の3つです。

①財産の棚卸
②財産の引き継がせ方
③家族の話し合いと遺言書の作成

あなたは努力を重ね、心血を注いで仕事に打ち込み、すばらしい会社を育て上げました。これは、大きな財産です。しかし、万が一あなたが何の方向性も示さずに亡くなってしまうと、親族はこの財産をどうしていいのかわからなくなってしまいます。自分が死んだ後、親族が財産をめぐって骨肉の争いを行い、仲違いしてしまう。その結果、一族は結束を失くしてバラバラになってしまい、最後には没落していく……そんな未来を、はたしてあなたは望んでいるでしょうか？

一族を骨肉の争いに巻き込むのも、一族が豊かに繁栄していくのも、大きな財産をつくり上げたあなたの決意次第です。

さまざまなことを考慮に入れて財産分与を考えた後、その内容を家族に説明して遺言書を残すのと同時に、どういう使い方をしてほしいかをしっかり伝えておくことも大変に重要なことです。

名家や旧家などでは「家訓」がありますが、大きな財産を残すということは、下手をすると労働意欲のない放蕩息子、娘をつくってしまうことになりかねません。自分が遺した財産を、どのような考え方や価値観で使っていくのか、そして守っていくのかという哲学のようなものを、しっかり子供に教えていかなければいけません。

自分が築いてきた財産なのだから、自分が納得いくように使ってほしいと考える方もいるでしょう。世の中の役に立ちたい、自分が生きてきた証を残したいという思いから、奨学金として使ってほしいとか、どこかの団体に寄付をしたいのであれば、そうしたことを明確に遺言書で残しておいたほうがいいでしょう。

特に財産の寄付等に関しては、今のうちから親族に話をしておいたほうがいいでしょう。親族は財産の相続を期待しているし、それに基づいて人生計画を立てています。大きな遺産相続があると信じて人生計画をつくっていた子供たちが、あなたの死後に大半の財産が寄付されてしまったと知ったら、最悪の場合は恨みすらもつことになりかねません。「自分は社会のおかげで成功し、財を成した。だから、自分は教育のために財産の60％は寄付したいので理解してくれ。そのかわり10％は生きているうちに生前贈与してあげるので、豊かな生活と孫の教育のために使ってほしい。30％は遺産相続する」ということを明確にすべきだと思います。遺言書に残しておかないと、あなたの死後に誰もその遺志を継いでくれない可能性があるからです。

誰でも、自分の子供や孫たちが遺産を巡って争う姿など見たくはありません。財産の相続については慎重に考えて、準備をしておかなければなりません。

60歳になったら考えること⑤

リタイア後の人生を豊かなものにする

▼人生で最も自由に使える時間

少子高齢化や人口減少の影響もあり、サラリーマンの定年年齢が年々引き上げられています。仮に65歳で仕事をリタイアするとしても、その後15年、20年と人生が続きます。リタイア後の人生をどう生きるかは大きなテーマです。仕事中心の人生を送ってきて、いきなりその日から仕事がなくなり、何をしていいのかわからなくなって、うつ傾向になる人もいるようです。

一方、経営者は、これまで自分ですべてを選択し、決断してきた非常にアグレッシブな方が多いので、リタイア後に落ち込んだり、家の中に閉じこもったりするケースは少ないように感じます。

それでも仕事一筋で生きてきて、いざ自分と会社の関係が断ち切られてしまうことを考えた時に不安や寂しさを感じたり、まだ会社に未練があるという人もいるでしょう。

しかし、それではもったいないと私は思います。なぜなら、社長をリタイアした後こそ、人生で最も自由に使うことができる時間、日々だからです。

「中小企業白書　2013年版」（中小企業庁）によると、経営者の平均引退年齢は中規模企業で67・7歳、小規模事業者で70・5歳となっています。

仮に、あなたは現在60歳で、70歳でリタイアし、80歳まで健康に活動するとすれば、60歳から70歳までは10年間、70歳から80歳までには10年間あります。単純に計算すると、10年間＝8万7600時間です。これは、サラリーマンが21歳から60歳まで働いたと仮定した時の40年間に、現代の平均的な年間労働時間である約1800時間をかけた時間＝7万2000時間よりもはるかに長い時間です。

さて、この時間を何に使うべきでしょうか。

60～70歳の10年間は、まだ気力も体力もあるので心と体の自由がききます。それに、経済的な余裕も時間もあります。ですからこの10年間は、自分のために使うことができる人生最後の貴重な時間です。このことを再確認したうえで、まずはリタイア後の第2の人生の設計図をつくるべきです。

質と量のバランスが取れている時期は、人生で本当に少ないものです。たとえば食事。20～30代は食欲があるためなんでも食べられますが、お金がありません。一方、70代はお金はあっても、病気や体力の低下で食べられるものや量に制限があります。

60代は、好奇心や欲、体力、時間、お金、すべてがベストバランスです。多くの人にとって、人生の黄金期であるといえます。この時期に、次の楽しみをつくることが重要です。私も65歳でロータリークラブに入りました。なかなか行ける機会は少ないのですが、70歳以降の仕事以外での友人をつくるためです。

私が今までにM&Aで会社の売却のお手伝いをした元社長の中には、さまざまな第2の人生を楽しんでおられる方がいらっしゃいます。

ご夫婦でクルーズの世界旅行に行く人、世界中のオペラハウスを巡っている人、世界中の美術館巡りをしている人。趣味の写真や音楽、絵画、ゴルフなどのスポーツ、ガーデニング、野菜づくり、蕎麦打ちなどを楽しんでいる人、田舎暮らしやボランティア活動を始めたり、自分が好きだった分野について学び始めた人もいます。中には趣味が高じて料理屋を始めた人や、後進の育成のために若手経営塾を始めた人、地域貢献のためのＮＰＯ法人を立ち上げた人もいます。

先日、あるジャズクラブのマスターが、「最近、新しいジャズクラブが増えている。リタイアしてからジャズを始める人が増えたんですよ」と言っていました。皆さんがそれぞれ好きなことを始めて、第２の人生を楽しんでいるようです。

▼思い立ったが吉日！　今すぐ好きなことを始めよう

歳を重ねるごとに、どうしても体力が落ちてきて、感性は鈍くなっていきます。だからこそ、ご自身の「ライフワーク」といえるもの、人生の喜びを感じられるものをこれから大切にしていただきたいと思うのです。

ただ、「70歳になってから始めよう」とか、「完全にリタイアしてから楽しもう」と考える人もいるかと思いますが、それでは遅いと申し上げておきます。

たとえば、「歴史小説を読むことが好きだけれど、今は読む時間がないから、とりあえずほしい本は買い溜めておく」という人がいます。いわゆる〝積ん読〟です。

しかし、70歳になった時には根気がなくなって小説を読むのがしんどいとか、目が弱くなったために読書を楽しめなくなったというように、さまざまな弊害が出てくる可能性があります。

「本当は旅行が好きだが、現役時代は忙しくて、ほとんど出かけることができなかった。だからリタイア後は妻と世界旅行に行きたい」という人がいます。しかし、70歳を過ぎてからでは体が弱ってきて動くのが億劫になったり、胃腸が弱って食事やお酒が楽しめない、ということになるかもしれません。

旅行は、自分の足で歩き回り、その地方のおいしい食事をお腹いっぱい食べ、その料理に合った地元のお酒をいただくのが醍醐味ではないでしょうか？　これは体力があってこそできることです。

ですから、読みたい本は読みたい時に読む、やりたいことは思い立った時にやる、行きたいところがあれば、すぐに出かける。そのタイミングが60歳から70歳だと思うのです。

私自身は音楽が大好きで、その中でも特にジャズとクラシックをこよなく愛しています。人生の最後は自分の好きなことをして生きたいと考えて、人からは道楽と言われようとも、音楽に多くの情熱を注いでいます。そもそも、音楽を好きになった最初のきっかけが中学1年の時に衝撃的に出会ったビートルズだったものですから、今ではビートルズのレコードコレクターとしては、日本有数のコレクションを誇っています。ジャズのレコードは6000枚以上を所有していますが、そのために本格的オーディオルームもつくりました。

また、音楽を聴くだけでなく、仲間同士でバンドを組んでライブ活動も楽しんでいます。昨年、バンド結成20周年を迎えたことを記念して、ミュージシャンの聖地、憧れのライブハウス「ブルーノート東京」で記念ライブを開催しました。また一歩、自己実現に向けたチャレンジができたと思っています。

さらには、ジャズのレーベルを立ち上げてミュージシャンたちのサポートをしたり、若い写真家を発掘するためのプロジェクトにも取り組んでいるところです。

もちろん、仕事に対する力は抜いてはいませんが、いい意味で力を抜くことができるようになったように思います。以前では考えられませんでしたが、今では当日予約が取れれば仕事中でもちょっと抜け出してゴルフの練習に行きます。むしろ、そうしたことを意識して行っているのです。

私がいつまでも事業承継しなかったり、会社を引き継いだにもかかわらず未練がましく仕事にしがみついていたら、後を任された後継者はやりにくいでしょう。そうした事態を招かないためにも、「趣味に力を入れるのも仕事のうち」と言って、自ら手を打っているのです。

仕事と趣味だけでなく家庭も大切にしなければいけないのは当然です。私は一時は本当に仕事に没頭していて、妻との会話も少なくなった時期がありました。

妻は家族とは別の世界で生きがいを見つけている。子供たちも成長し、息子や娘はそれぞれの道を歩き出している。仕事では自分が先頭を走っているとしても、家庭では自分だけが置いてけぼりを食って、取り残されているのかもしれないと考えるようになりました。

そこで、60歳を過ぎてから軽井沢に別荘を建て、妻と一緒に過ごす時間をつくることにしました。軽井沢では同じゴルフクラブに一緒に入っています。あれこれ話すようになり、一緒にゴルフをしたり、食事を楽しんだりして、夫婦の絆を再生することができたのです。

作家の村上龍さんの作品に『55歳からのハローライフ』という小説があります。その中に収録されている「キャンピングカー」という中編では、主人公は60歳を前に早期退職をして自分の夢だったキャンピングカーに乗って全国を旅する計画を立てます。そこで妻に提案したところ、彼女は迷惑そうな顔をします。なぜなら彼女には地元のコミュニティのつながりがあり、習い事などでけっこう忙しい毎日を送っているからです。「3週間なんて無理、2、3日なら……」と言われ、結局、主人公の夢の計画は頓挫し、夫婦のすれ違いが露わに描かれます。

村上龍さんはすばらしいリサーチ力と洞察力をもたれる作家です。60歳の方は、ぜひ『55歳からのハローライフ』を読まれることをお薦めします。自分と家族の人生、老後を考えるよいチャンスになると思います。

やはり、畑の土壌づくりと同じで、土を耕すことから始めることが大切です。そのためには、リタイア後に夫婦2人でどう人生を過ごすかを話し合っておくことが必要ですし、今のうちから必要な情報収集もしながら準備を進めていくのがいいでしょう。

ここまでの人生を歩んできて、一生懸命に働いてきて、その結果が喜びも満足も納得も得られないものであったなら、「一体、自分は何のために生きてきたのかわからない」ということになってしまいます。

人間は常に大きな矛盾を抱えて生きている存在です。その矛盾をどうにか解消したいと思いながらも後回しにしたり、見て見ぬふりをしながら、気づいた時には人は老いを迎えてしまいます。

「いい経営者人生だった」と言うために、ご自身の最後の花道をどう飾るのかも考えていきましょう。豊かな第2の人生のためには、少しばかりの時間が必要です。その助走期間の始まりが60歳だと私は思うのです。60歳は、これからどう生きるか、あるいはどう死ぬかを真剣に考える大切なターニングポイントなのです。

60代を、
夢を実現する
最高の10年間にする

第2章

▼会社の未来に不安を抱く経営者が増えている

当社では、事業承継とM&Aに関するセミナーを毎年3回ほど、北は北海道から南は九州まで全国の各都市で開催し、延べ1万人の方に参加していただいています。私もよく登壇するのですが、セミナー会場の舞台の袖で出番を待つ間、いつも心地いい緊張感に包まれます。客席からは会場に集まってくださった大勢の経営者の方々のざわめきが聞こえます。しばらくして、司会者から名前をアナウンスされ、私は自分の中のモードを切り替えて舞台の中央に進みます。皆さんからの拍手をいただき、スポットライトを浴びて、私は語り始めます。

大きな会場でのセミナーでは当然、後ろのほうの方には私の顔は見えないでしょうが、実は舞台上の私からは皆さんの顔がよく見えています。どこか不安そうな顔、熱心にメモを取りながら私の話を聞いてくださる真剣な顔、皆さんの期待と熱意をひしひしと感じます。

そうした様子を拝見しながら、今日も経営者の方々にとって役に立つ話をしたい、事業承継に関する悩みや不安を少しでも解消したいと思いながら、私はギアを一段ずつ上げていくのです。

ここ数年、当社への相談件数が増加しています。

2017年度は、年間約2000件の相談をいただき、譲渡したいと正式契約をいただいたのは765件、成約に至ったのは323件でした。毎年20～25％ずつ増加しているのです。

なぜ、これほど多くの経営者が当社のセミナーに参加し、ご相談にやって来られるのかというと、やはり会社の将来に不安を感じている方が多いからだと思います。今後、さらに会社を成長させるためにはどうすればいいのか、会社を存続させるためには何が必要なのか、その答えを皆さんが真剣に模索しているのです。

▼M&Aの「仲介業務」を超えて展開

私の場合、とにかく前だけを見て、がむしゃらに突き進んできたのが50代でした。振り返ってみれば、M&Aで会社を存続し、経営者の方々を幸せにすることを社会的使命として、自社の規模を拡大し、東証一部に上場させることができたのが55歳の時、社長に就任したのが56歳の時でした。

60歳を過ぎてからは、会社の規模の拡大だけではなく、高品質のサービス、他にはないオンリーワンのサービスの実現のために新しい事業にチャレンジすることができるようになりました。その頃から、以前は見えなかったことが見えるようになり、価値観にも変化が現れてきたことで、違う視点から物事をとらえられるようになってきたことが大きな要因だと思います。

M&Aも、以前は仲介業務にばかり目が行っていたのですが、経営課題の解決や高品質のホスピタリティにも目が向くようになりました。

たとえば、M&Aではその後の企業統合も重要なプロセスです。どの企業も、これまで培ってきた独自の企業文化をもっています。そうした企業同士が1つになり、新たな文化をつくっていかなければいけないわけですから、すぐには統合できず、なかなか結果が出ない場合もあります。

すると、せっかくM&Aが成立したのに、両社の経営戦略や販売体制、管理体制、従業員の意識、情報システム等が有機的に機能せず、期待した相乗効果＝シナジーを発揮できなくなる可能性があります。やはり働く人の意識が変わらなければ、企業自体が変わっていくことはできないのです。

こうした事態を防ぎ、両社の相乗効果を最大限実現するために期限を区切った目標を設定し、その実現に向けての進捗管理を行う必要があります。このようなM＆A成立後の企業統合プロセスをＰＭＩ（ポスト・マージャー・インテグレーション）といいます。

M＆A先進国のアメリカなどではＰＭＩはすでに常識となっていますが、日本ではまだ浸透しているとはいえません。そこで、当社では２０１８年4月にＰＭＩ専門の会社を立ち上げ、本格的に企業統合に向けたコンサルティング事業も展開しています。

さらには、本当に困っているのは零細企業であるという思いも以前からあるので、全国の小規模事業者や個人事業主に向けたサービスの展開も同じく２０１８年4月に専門会社を立ち上げて、本格的に進めています。

地方の小さな会社やお店のオーナーの中には、「うちの会社なんて売れるわけがない」と思っている人がたくさんいます。そういう方たちは、清算・廃業という道を選ぶしかありません。しかし、少し乱暴な言い方をすれば、町のラーメン店でも美容室でも、私は売れない会社、お店はないと考えています。

たとえば、高校生の頃からファッションや美容が好きで、専門学校を卒業して美容師になった女性がいるとします。いずれは自分のお店をもちたいと思っているのですが、実際にお店を開業するには美容機器のリース代だけでも数百万円、開店資金と運転資金でトータルで1000万円以上が必要になります。そのためなかなか自分のお店をもつことはできません。実際、そうした20～30代のやる気のある若者はたくさんいます。

一方、これまで40年以上、地域に根ざして美容室を経営してきた女性オーナーがいるとします。65歳を超えて、「もう手が思うように動かなくなってきたし、そろそろ引退したい」と考えています。しかし、廃業するにもお金がかかります。ビルの1階で営業していたので、賃貸の店舗は原状復帰してから返さなければいけません。その費用や美容機器のリース料の残金などで1000万円以上がかかります。これから先の老後の生活を考えれば、この出費は大変です。そこで、「誰か、このお店を引き受けてもらえないだろうか」と考えています。実際、こうしたオーナーは増えています。

このような場合、両者のマッチングができてお互いが合意できれば、若い美容師としてはリース料と家賃を継続するだけで自分のお店をもつことができます。おまけに、お客さんもついています。半年ほど一緒に仕事をして経営を学ぶプロセスを経れば、若い女性でも自分の店をもつことができ、65歳のオーナーは廃業資金なしでリタイアすることができます。

当社では、すでにこのような小規模法人向けのマッチングサイト「Batonz（バトンズ）」を運営するアンドビズという子会社を立ち上げています。アンドビズは、後継者不在の零細企業や店舗を多く抱える信用金庫、会計事務所、地方自治体などから大きな期待を寄せられています。

▼M&A成立後の最上級のセレモニー

また、かつてはM&Aの実務にフォーカスして、とにかく事務的に間違いのない仕事をするという部分に重点を置いていた時期がありました。ところが、私も年齢を重ねるにつれて人間の幅が広がったのでしょう。60歳を過ぎてからは、会社を譲渡した社長さんと譲り受けた社長さん、それぞれの人生そのものにフォーカスするようになっていきました。

経営者の方々にとっては、M&Aは人生に関わる大きな出来事です。ですから私は、M&Aが成立した後の調印式をとても大事にするようになりました。現在では、社内に調印式専用の部屋をつくり、シャングリ・ラ・ホテルやマンダリン・オリエンタル・ホテルのような世界の一流5つ星ホテルで行う結婚式以上のホスピタリティで調印式を行っています。

専任のセレモニストが調印式を進行し、テーブルクロスや生花、ワイングラスの名門ブランド、リーデルをご用意して、最高級のシャンパンで乾杯します。式次第には私が直筆でサインをして、気持ちを込めた調印式を行っているのです。

調印式では、譲渡企業の社長の奥様やお子様にも参加していただき、夫へ、そして父への手紙を読んでいただきます。創業から数十年、苦労してきた姿を見てきたご家族に手紙を読んでいただくことによって、社長ご自身には「自分の人生、ここまでがんばってきてよかった」「会社を存続させるためにも、譲渡して正解だった」と思っていただくことができます。もちろん、ご家族全員にも満足、納得していただけます。

同時に、譲り受ける側の会社の社長や経営幹部の方は、譲渡企業の社長さんがどの

▲「ご成約式」の様子

ような思いで経営されてきたのか、会社や社員をどれほど大事にしてきたのかを知ることができます。そして、これから社員を大切にして、会社を成長させていくという覚悟をもっていただくことができます。そうした思いを共有することでM&Aの質が向上し、トラブルなどもなくなっていくのです。

このように、私は単にM&Aの仲介業務をするだけでなく、また規模の拡大を目指すだけでもなく、経営者の方々のためのホスピタリティや経営課題の解決のための事業にも取り組んでいます。

▼さらなる成長のために会社の未来像をもう一度考える

これまで会社の経営をしてきて20年、30年がたち、ご自身が60歳になられた経営者の方はそれぞれ、「自分がつくった会社を本当はこうしたかった」「まだ会社でやり残したことがある」という思いをもっていると思います。

企業規模の面でいえば、業界でトップの企業にしたかった、県内ナンバーワンの企業にしたかった、あるいは会社を上場させたかった、などの夢です。

業務の面でいえば、幅広く拡大、展開していきたかったという考えをおもちの方もいらっしゃるでしょう。

飲食業界であれば、和食のチェーン店を経営している方が、将来はフレンチやイタリアンのチェーン店も手がけたかった、などです。

あるいは規模の拡大よりも、品質やサービス内容で他社にはないはオンリーワンの企業にしたかった、という方もいらっしゃるでしょう。

私も長い間、社長をしてきましたし、多くの経営者の方々とお付き合いをしてきました。そうした経験からいえるのは、会社は、社長ご自身が描いたビジョンの範囲内でしか成長できないものだということです。年商10億円のビジョンしかない社長には、50億円の会社はつくることができません。

逆に、年商50億円の会社のビジョンをもって経営してきた社長は、年商を30億円ほどにまで伸ばすことができ、従業員も100人以上にまで増やすことができる可能性があります。

50億円の年商の会社を実現した経営者の方は、100億円の成功ビジョンをもって努力してきたはずです。

いずれにせよ、皆さんが不断の努力を積み重ねてきたからこそ、今の成功があるわけですが、しかし同時に、こんなことに気づくでしょう。「あれっ、俺も今年で60歳じゃないか……」「あとは、がんばれて5年、10年じゃないか……」と。

そこで私が60歳になった経営者の皆さんにお伝えしたいのは、「ぜひ、今こそ会社の未来像をもう一度考え直し、夢を大きくもってください」、そして「これからの10年間で、あなたの夢を実現してください」ということです。

▼60歳は何でもできる経営者人生で最高の時期

では、60歳とは経営者人生の中でどのような位置づけになるのか、改めて考えてみましょう。

私は、経営者として一番力があり、充実しているのは60歳くらいだと思っています。科学的に説明できるわけではありませんが、いろいろなことが〝見えるようになる〟のです。開眼するとは、こういうことなのかもしれません。

50代の頃の私は、ただ前だけを見て仕事をしてきました。ですから、現場対応力はとてもあります。ところが、60歳になって気づいたのは、先が見える、読めるようになったことでした。

マーケット（市場）の現状と先行きが見えるので、会社をどのように成長させていけばいいのか、どういった業務の幅を広げていけばいいのか、人材をどのように教育していけばいいのか、といったことが非常によく見えるようになったのです。

経験や知見が深まって、感性もまだ豊か。現場に行く体力も健康もあり、さまざまな情報も入ってくる、という時期ですから、非常に見通しがよくなります。

それはまるで、目の前の霧が晴れたかの如くです。ですから、将来ビジョンも当然に描きやすくなります。

さらに、決断力や問題解決能力も格段に上がります。50代とは違って、もう一段上の視点から俯瞰して物事を見ることができるようになります。

また、社内の人材教育に関しては、50代とは違って明らかに説得力が出てきます。私は経験を積んだ60歳くらいの経営者が部下を指導していくというのが、最も理にかなった最高のマネジメントではないかとさえ感じています。

以前は、ただ怒ること、ほめることしかできませんでした。単発的で、対症療法的なやり方です。ところが、60歳になると適切なアドバイスができるようになります。すべてを学びのステージにもっていくことができるようになるのです。

部下の誰かが失敗した時などは、まず本人に考えさせ、失敗の原因を一緒に考え、気づきを与えて、本人が理解し納得できるように導く〝処方箋〟を書くことができるようになり、それをポジティブに部下に伝えられるようになりました。「この失敗は、お前のチャンスだ。これを乗り越えることができれば、お前はブレイクスルーできるぞ」というように。

何かのトラブルが起きた場合でも、そのトラブルを人を育てるトリガーにしたり、業務の改善につなげていくということもできるようになりました。私は60歳になって、経営者としてのランクが2段階は上がったように感じています。

本の読み方も変わりました。50代の時は、著名な著者のノウハウを盗み取るような読み方をしていました。当然、斜め読みで、速読をして、参考になる箇所だけを抜き取るような読み方をしていたのです。

ところが60歳になると、著者とマンツーマンで対話やディスカッションをしているような読み方ができるようになってきました。著者の経験や気づきから紡ぎだされた言葉から、滲み出てくる思いや真意といったものを実感できるようになってきたのです。現実世界ではない、どこか別次元の宇宙に、著者と私の2人きりで存在し、対話を重ねていくような感覚、とでもいったらいいでしょうか。

そうなると、次々に新しい発想が生まれるようになってきました。本を読んでいて、「これ、いただき」というのではなく、著者の魂からインスパイアされたことを自分の事業に生かしていくことができるようになったのです。

このように経営者としての60歳は、先を見通すこともできるし、人を育てることもできます。視野が拡大し、情報収集能力も格段に上がってくる、一番ハイエンドな時期であるといえます。「あと5年、あと10年しかない」というような思いで仕事もできるので時間的な密度も濃く、レベルも上がっているので、40代や50代よりも2×2で4倍の能力とスピード感で会社経営をしていくことができます。

ところが70代に突入すると、やはり体力や知力、感性、根気が一気に衰えていくのが一般的です。生物的な部分が劣化してくるために、頭に体がついていかない、能力も落ちていく、という状態になってくるのです。

だから60歳からは、ご自身が思い描いていた会社のビジョンを実現するためのラストスパートをかける時期です。私自身はそれができたので、今、会社はものすごいスピードで成長しています。

私は50代の頃よりも、今のほうがすべてのことが楽しいのです。一流のF1ドライバーになって、完璧にマシンを操ることができている感覚です。

F1の元世界王者で1990年代に一世を風靡した伝説のドライバー、アイルトン・セナは、時速300㎞を超えるスピードでF1マシンを操りサーキットを走っている時でも、1ミリほどの小石をタイヤが踏めば、それがわかったといいます。

今、私はF1マシンを操るように会社を経営することができています。ぜひ、あなたも60歳からのラストスパートで夢を実現して、その先の世界を体感していただきたいと思っています。

▼社会構造が大きく変わりつつある

60歳からのラストスパートを実現するには、「自分は何をしたいのか?」「本当は会社をどうしたいのか?」を考えると同時に、会社の成長の弊害になりかねない要因について社外と社内の両面で洗い出し、対処することが大切です。

まず、外部要因から見ていきましょう。

現在、日本が抱える問題の1つに、超少子高齢化社会の到来があります。2017年4月に総務省統計局が公表したデータによると、2016(平成28)年10月の時点で日本の総人口は在日外国人を含めて1億2693万3000人で、前年比16万2000人の減少。在日外国人を除くと1億2502万人で前年比29万9000人の減少となっており、減少幅は6年連続で拡大しています。

都道府県別に見ていくと、人口が増加したのは東京都、埼玉県、神奈川県、千葉県、愛知県、福岡県、沖縄県の7都県のみ。逆に人口減少率が高かったのは、秋田県、青森県、高知県、和歌山県、山形県の順となっています。

年代別にみていくと、65歳以上の高齢者は3459万1000人で、総人口に占める割合は27・3%、75歳以上は1690万8000人で同13・3%となり、ともに過去最高を更新しています。

一方、0~14歳の年少人口は1578万人で36年連続の減少です。これは記録のある1950（昭和25）年以降では最低人数を更新しており、ピークだった1954（昭和29）年の2988万人からほぼ半減しています。

そして、経営者にとって最も大きな問題なのは、働き手である15~64歳の生産年齢人口（就業者人口）の変化です。1995年に8726万人だった生産年齢人口は、その後減少に転じ、2015年で7728万人、2016年時点では約7656万人となっており、この20年で約1000万人も減少しています。

さらに深刻なデータもあります。

2017年4月に厚生労働省の国立社会保障・人口問題研究所が公表したデータ「日

本の将来推計人口（平成29年推計）」によると、日本の人口は２０６５（平成77）年には８８０８万人にまで減少すると推計されています。それにともない、生産年齢人口は、出生中位推計の結果によれば、２０２９年には７０００万人、２０４０年には６０００万人、２０５６年には５０００万人をそれぞれ割り込み、２０６５年には４５２９万人にまで減少すると推計されているのです。

これは単純に考えると、働く人の数が50年後には半分近くにまで減少してしまうということです。「働く人＝モノを消費する人」ですから、モノを消費する人の数も半分になります。洋服を買ったり、マイホームやマイカーを買ったり、飲食をする人の大部分は就業者人口と同じ15～64歳の人たちですから、このままいくと消費者の人口が今後、急激に減少していき、あらゆる企業の売上げも落ちていくでしょう。

また、人口の減少に比例して会社の数も減少しています。２０１４年時点で、日本の中小企業の数は約３８１万社あるといわれていますが、就業者人口が半分になるということは、単純に考えて企業自体も半分の２００万社弱にまで減ってしまう可能性があるということです。年間約４万社の企業がなくなっていくのです。

実際、前述の通り、２０１６（平成28）年に休廃業・解散した企業数は２万９５８

3件（前年比8・2％増）、2016年中に倒産した企業の件数は8446件（前年比4・1％減）となっています。年間約3万8000社がなくなっており、すでに日本ではこうした現実が始まっているのです。

するど、どういったことが起きるでしょうか？

働く人は減り続ける。会社を引き継ぐ人もいなくなる。会社を買う会社もなくなっていく。

この先、何も手を打たないで経営していると、あなたの夢の実現どころか、会社自体の体力も弱って、じり貧になってしまうでしょう。

セミナーや講演などで全国を飛び回っていると、この数年、日本経済が一段と変動してきたことを肌で感じます。

右肩上がりの高度経済成長期は、まじめに働いて、がんばっていれば会社の業績も上がっていく時代でした。特に製造業などでは物をつくればつくるほど売れるという時代が続きました。しかし、現代ではどの業界も頭打ちで、成長産業や分野を見つけることがむずかしい、大変な時代に突入しているのです。

これが、会社の成長を阻む外部要因です。

▼鍵はリーダーのコミュニケーション

では次に、内部要因を見ていきましょう。

60歳になる前、自分を見つめ直し、これまでの人生を振り返った私は、あることに気がつきました。それは現場を離れてから、社員たちとしっかりコミュニケーションをとっていないのではないかということでした。

実は、会社の成長を阻害する大きな要因に、社内でのコミュニケーション不足の問題があります。これは経営者にとって盲点になりやすい部分です。

社長が考えている会社の成長のビジョンや夢が社員全員にうまく伝わっていなければ、そしてベクトルが合っていなければ、会社の成長は見込めません。そのベースを成すものがコミュニケーションだと思います。

私は、自分の能力を発揮するポイントとして、現場でのリーダーシップと問題解決に焦点を合わせて仕事をしてきました。この2点に関しては自分でも高く評価していいと思っています。実際、社長になって現場から離れてからも、リーダーシップをしっかりと発揮し、精力的に問題解決をしてきたつもりです。

しかし、以前のように部下たちと一緒になって考えているだろうか、問題の本質に向き合っているだろうかと考えた時、疑問符がついたのです。

現場にいた頃は、週に2、3回は、仕事の後に部下たちとの飲み会を入れていました。地方出張に行った際は、必ず部下とご当地料理を食べに行き、近況を聞いてアドバイスしたり、将来のビジョンを語り合ったりしていたものでした。

しかし、あと数年で60歳、という時期になると、その種のことをしなくなってしまいました。週に6日は取引先への接待、金融機関との会食、同業仲間との情報交換などで夜のスケジュールはびっしり埋まっているのに、社員との飲み会の予定は1つも入っていない。そんな状況だったのです。

上場して社長になり、お付き合いする層のレベルが上がったことや、範囲が格段に広がったこと、組織が大きくなり私自身が現場から離れて経営に専念し出したことが原因です。

私はM&Aの実務を進めていくうえで、これまで多くの経営者のヒアリングを行い、会社の現状分析を行ってきました。そうした経験から、多くの会社に、経営者と社員とのコミュニケーション不足によって起きるマネジメント上の問題があることもわかっていました。それなのに、知らず知らずのうちに自分も同じような問題を抱えていることに気づいたのです。

多くの経営者は、自分はコミュニケーションが得意だ、社員や子供たちとの意思疎通は問題なくできていると思っていらっしゃるでしょう。しかし私は、多くの経営者は、コミュニケーションが得意なようでいて、実は不得意だと感じています。

経営者は、常に大きなリーダーシップで社員を引っ張っていかなければなりません。問題が発生した時には、「心配するな、俺がなんとかする」と言って社員たちを安心させ、時には鼓舞していかなければなりません。ワンマンだと陰で文句を言われたとしても、「俺についてこい」という力強さがないと、長く会社を経営していくことはできないものです。ですから、どの経営者も、対外的にも社内的にも独自の個性とカリスマ性をもっています。

しかし、そうした経営者は、往々にして人の話を聞きません。自分が言いたいことは言い、強引に話を進めたりしますが、社員たちと同じ目線に立って考えを聞くとか、気持ちを理解してコミュニケーションをとろうとする部分がどうしても薄くなりがちです。

本来はコミュニケーション能力に長けた人でも、経営者としての長年の経験や習慣が染みついているために、カリスマ社長というペルソナ（仮面）が逆に邪魔をしてしまっている場合があります。そのため、自分から意識してコミュニケーションをとろうと努力しなければ、社員たちと同じステージに立って、彼らの目線で語り合うことがなかなかできなくなってしまうのです。

すると社員たちはやる気を失い、最悪の場合は離反という事態を招くかもしれません。そうした状態では、とても会社のさらなる成長は望むべくもありません。こうしたことは、家族との間でも起きる可能性があるでしょう。

そこで私がとった方法は、週に1回、社員たちと合宿をすることでした。毎回、4～5人の幹部や社員をホテルに集めて、夕方の6時頃から9時頃まで3時間のミーティングを行います。

ここでは、私はファシリテーター（調整役、促進者）として、自分からは意見を言いません。とにかく社員たちの意見を聞くことに徹します。そこでまずは問題を明確にして、全員で話し合っていきます。比較的軽めの話の場合もあれば、事業戦略や事業承継、後継者問題にまで話が及ぶこともあります。

その後は3時間ほど食事をし、持ち込んだワインを飲みながらディスカッションを展開していきます。そして、その夜はみんなでホテルに宿泊をするという流れです。

私の場合は、この合宿のおかげで社員たちとの信頼関係を再構築することができました。

私はこの合宿を年間40回、3年連続実行しましたが、「まじめなディスカッション3時間」と「お酒を飲みながらのディスカッション3時間」というバランスもよかったようです。話が多方面に展開しますし、社員のいろいろな顔や表情を見ることができます。

いくら同じ釜の飯を食べてきた仲間だと思っていても、社員1人ひとりが同じ価値観や思いで仕事をしているわけではありません。必ずしも、一枚岩の関係というわけではないのです。社長であるあなたが何かしらのアクションを起こして、コミュニケーションをとる努力をしなければ、信頼関係は醸成されません。

会社の将来を考えるうえで、コミュニケーションは想像以上に重要な要素であることをご理解いただければと思います。

▼会社を大きくすることは関わる人すべてを幸せにすること

経営者は、これら外部要因と内部要因を考え合わせて、大変な時代に会社を成長させ、永遠のものにしていかなければなりません。むずかしい仕事ですが、脂の乗り切った今であればできるはずです。

ところで、ここまで社長ご自身の夢の実現という観点から、会社を成長、発展させることの意義についてお話ししてきましたが、会社の成長、発展には、実はもう1つ大きな意味があります。

それは、会社に関わるすべての人を幸せにする、ということです。

事業が存続できなかった場合、どのようなことが起きるのかについてはすでに述べました。会社というものを基盤にして、さまざまな人が人生を築いているのですから、関わったすべての人を幸せにするためにも、経営者は会社の成長について真剣に考えなければいけません。

私が社会人として働き始めたのは、イタリアに本社があるコンピュータの開発、製造、販売を手がける世界的な企業でした。入社した当時、この日本法人には約235

0人の社員が在籍し、全国展開している外資系の花形企業でした。

しかし実はこの頃がこの会社のピークで、すでに業績が縮小し始めていたのです。私の入社後、多くの社員が辞めていき、その後に入社してくる後輩もほとんどいませんでした。結局、私が退職する頃には社員は1000名を切っていたと思います。

そうした状況では、自分がやりたい仕事を担当して、出世していき、給料を上げていくことなどなかなかできません。社員のほぼ全員が私より先輩で、さらにマーケットが縮小していく中で全国の営業所も閉鎖を余儀なくされていったので、課長や所長になることもままならないという環境だったのです。

仕事はかなりハードでした。骨身を削る努力をして、最終的には名古屋の所長になりましたが、私はプライベートのすべてを犠牲にするような働き方が決してよいものだとは思っていませんでした。そうした経験を反面教師としてきたので、当社は創業以来、一度も事業を縮小することなく、社員たちのプライベートを充実させながら、右肩上がりの成長を実現してきたのです。

たとえば、経営における中期計画を策定する時に「規模を倍に拡大していこう」と決めたとします。それが実現できた場合、結果的には多くの社員が出世することができます。単純に売上げが倍になれば従業員の数も倍になり、係長は課長に、課長は部長にというように出世していき、当然、収入も増えていきます。すると、社員としては自分の人生計画を描きやすくなります。

仮に、30歳で転職してきたとして、33歳くらいで主任、36歳で係長、40歳前後で課長というように昇格していくことができれば、順調に昇給も見込めます。すると、今、家族のためにマンションを買っても無理なくローンを返済できるとか、子供を私立の学校に通わせよう、そのために引っ越しをしよう、などとライフスタイルを決めることもできるようになります。

会社の成長は、その会社で生活の糧を得ている人たちがさまざまな将来ビジョンを描き、人生の幸せを実現していくための最大の要因になるのです。

当然ですが、取引先も幸せになれます。下請けの仕事をしている、仕入れをしているという場合でも、相手企業の規模が大きくなっていけば、その分、取引も増えていきます。結果的には地元経済も活性化していくことで、関わる人たち全員が幸せになることができます。そうした幸せの大前提は、やはり会社を大きく成長させていくことだと思うのです。

60歳を起点として、まずご自身の会社の将来イメージを明確にし、それに向かって会社を成長・変革させていかなければなりません。「あと正味5、6年しかない」という危機感をもちながら、前に向かってどんどん計画を実行し、関わる人すべてを幸せにしてください。そのための具体的な方法については、次章で詳しくお話ししたいと思います。

第3章

事業承継を
会社の成長戦略に
組み込む

▼事業承継は会社の大きな分岐点

経営者であれば、人生のどこかのタイミングで必ず直面することの1つに事業承継があります。どんな経営者も、いずれ誰かに会社を引き継ぐ時がきます。

ところが、頭ではわかっていてもその問題を後回しにしてしまい、後から大変な思いをする経営者がまだまだ多いのが現状です。

しかし、60歳という節目の時期を迎えたら、もう待ったなしです。このタイミングで事業承継問題に真剣に取り組まなければなりません。

まず、事業承継の大きな考え方を俯瞰してみましょう。あなたが高齢になって、経営を行うのがむずかしくなった時に考えられる事業承継の考え方は次の3つです。

①会社を廃業して、経営から逃れる――会社は消滅し、従業員は仕事を失い、地域経済に悪影響となる。

②誰でもよいから、次善の策として会社を引き継いでもらう――会社は平行線か、

ダラダラと低迷していく可能性が大きい。

③事業承継をチャンスと考え、次期経営陣に会社の成長を託す――会社は再び勢いを取り戻して、大きく成長していく。

このように、あなたの会社にとって、創業以来の大きな分岐点を迎えるのが「事業承継」なのです。

▼会社の廃業・清算は誰も幸せにしない最悪のシナリオ

本章では事業承継の方法について解説しますが、その前に事業承継ができなかった場合、会社と経営者にどのようなことが起きるのかについてお話ししたいと思います。

まずは、廃業を決定している、あるいは予定している経営者がどれだけいるかというデータを見てみましょう。日本政策金融公庫総合研究所が２０１６（平成28）年２月に発表した「中小企業の事業承継に関するインターネット調査」によると、廃業を決定している企業の割合は12・４％、廃業を予定している企業が50％以上であり、これらの企業の社長の平均年齢は71・１歳となっています。

かなりの割合の経営者が事業承継の問題を先送りにしてきてしまい、70歳を過ぎて廃業を選択せざるを得なくなったという状況が見てとれます。

では、経営者の方々が廃業を選択する理由にはどのようなものがあるのでしょうか。中小企業庁が公表している「中小企業白書　２０１７」には、次のようなことがあげられています（複数回答）。

・業績が厳しい　37・３％
・後継者を確保できない　33・３％
・会社や事業に将来性がない　30・７％
・もともと自分の代限りでやめるつもりだった　30・７％
・高齢のため（体力・判断力の低下）　22・７％
・従業員の確保が困難　17・３％
・技能等の引継ぎが困難　14・７％
・事業用資産の老朽化　６・７％

多くの経営者がさまざまな問題に直面していることがわかりますが、私が皆さんに考えていただきたいのは、廃業は本当に正しい選択なのかということです。

廃業には、従業員とその家族を路頭に迷わせてしまう、経営者自身にも多額の負債が残るなど、多くのデメリットがあります。仕入れ先などの取引会社はビジネス的に打撃を被るし、それまで自分が築き上げてきた人的ネットワークや蓄積してきた独自技術は誰にも継承されずにこの世から消えてしまうでしょう。

想像してみてください、あなたが75歳や80歳になった時のことを。

ご自身が創業して育ててきた会社はもう跡形もなく、元従業員たちは散り散りバラバラで音信不通です。彼ら、彼女らには、ろくな退職金も渡せず会社から放り出したようなものだから、その後は生活に困窮した人もいるでしょう。もしかしたら、あなたのことを恨んでいるかもしれません。人生の最後にきてこれでは、あまりに寂しすぎるのではないでしょうか。

企業は非人格ですが、法人格という法律上の人格があります。経営者にとって、自分が創業して育ててきた会社は子供のような存在ともいえるでしょう。それを最後に清算して廃業してしまうことは、あえて誤解を恐れずに言うならば、親が子供を殺すようなものではないかと私は思うのです。

しかし、もし子供のように育ててきた自社を引き継いで、さらに成長させてくれるような会社があったとしたらどうでしょうか？　そのような会社同士をマッチングしてM&Aの仲介をするのが我々の仕事です。

M&Aとは、企業同士が合併したり、他社を買収することで、Mergers（マージャーズ）＝合併とAcquisitions（アクイジションズ）＝買収の頭文字を取って、「エム・アンド・エー」と呼ばれています。

私は、M&Aとは結婚と同じようなものだと考えています。そうであるならば、自分が創業した子供のように大切な会社に、しっかりした結婚相手、つまり譲り受ける企業を見つけて結婚させて、存続させていくことが親の責任でしょう。

M&Aで会社を譲渡して優良企業の傘下に入ることができれば、従業員たちは新たなステージで仕事に取り組み、引き続き生活の糧を得ていくことができます。そして、ご自身のリタイア後、従業員たちが「創業社長がしっかりと会社を残してくれたおかげで会社が大きくなった。生活も安定したし、給料も上がった。本当にありがたい」と感謝してくれたら、それこそが創業者にとって幸せな人生なのではないかと思うのです。

「資産は十分にある」つもりが……

土地	4→3	借入	8→8
工場	2→−0.2		
設備	1→0		
在庫	1→0.2	純資産	2→−3
その他	2→2		
合計	10→5		

▼廃業の先にある自己破産という現実

そもそも、多くの経営者が誤解をしていることがあります。それは、あなたが考えているほど廃業は簡単にはできないということです。

廃業すると、どのようなことが起きるのかシミュレーションしてみましょう。ここでは、資産が10億円、借り入れが8億円、自己資本が2億円ある会社をモデルケースとします。

経営者は簡単に計算をして、「2億円が残れば、会社を清算しても老後の生活資金は足りるだろう」と考えがちです。ところが、10億円の資産の中身をよく見てみると、土地が4億円、工場が2億円、機械設備が1億円、在庫が1億円、その他の資産が2

億円という内訳です。

清算するとなると、期日までに借金を返済しなければいけないので、当然、資産を売却する必要があります。しかし、工場が工場として売れる時代はすでに終わっています。どこの地域でも工場は余っている状態なので、工場を取り壊して更地にしてから売却しなければいけません。すると、工場の2億円は0円評価になります。さらには、工場の解体、撤去、産廃費用がかかることになり、その費用に2000万円が必要となれば、この時点ですでにマイナスとなります。

次に、更地にした土地を売却しますが、ここで注意が必要なのは、返済の期日があることです。「あの会社は清算するから土地を売りたいのだ」となると当然、業者の値引きの対象になってしまい、4億円の土地がその金額で売れることはまずありません。ここでは仮に3億円とします。

機械などの設備は0円評価。1億円の在庫は、「半値八掛け二割引き」で2000万ということになります。その他の資産がすべて売れたとして、土地が3億円、その他資産2億円で計5億円となり、これでは借入金8億円を完済できません。この時点で3億円の債務超過になるのです。

すると、自宅の売却、金融資産のすべてを解約しても、まだ返しきれない借財が残る可能性が高くなります。ということは、実質的に廃業もままならず、最悪の場合、社長ご自身は自己破産ということになってしまいます。

廃業に関しては、このようなことがよく起こります。結果的に廃業することもできず、切羽詰まって当社に相談に来られる経営者の方が大勢いらっしゃいます。

視点を変えれば、廃業できるということは経営状態のいい優良企業ともいえます。そのような会社が事業の存続やM&Aを検討もせずに廃業という道を選ぶのは非常にもったいないことです。

現在でも年間3万社が廃業しています。いずれは年間5万社の大廃業時代に突入するでしょう。廃業は他人事ではなく、あなた自身にふりかかる大きな問題なのです。

▼事業承継は会社を成長させる重要なトリガーとなる

60歳という節目を迎えた経営者の方々が直面する経営上の課題にはさまざまなものがありますが、やはり大きな課題は次の3つです。

①後継者への事業承継
②経営課題の解消
③会社のさらなる成長と発展の実現

これらをクリアして会社を存続、永続、さらに発展させていくことこそが、60歳になられた経営者としての最大の責務だといえます。

実は近年、事業承継をトリガーや起爆剤として使い、会社を引き継ぐタイミングで大きく成長させようと考える経営者が非常に増えています。

多くの場合、後継者には超えられない壁があります。

たとえば、大きな志を胸に抱き、努力を重ねて成長させてきた会社を息子さんや娘婿などの親族や、いわゆる番頭さんのような幹部社員に会社を継がせたいと考えているとします。しかし、彼らが創業社長であるあなたより経営能力が勝っていることは、残念ながらあまりありません。同じレベルか、それ以下ということが大半です。

結局、彼らは会社の新しいビジョンを構築することができず、あなたが実現してきた成長曲線の延長線上で経営をしていくのが精一杯で、多くのケースでは創業社長を超えて会社を成長させることができない、ということになってしまいます。

第2章でもお話ししたように、これまでの時代とは違って今後は経営環境がますます厳しい時代に突入していきます。生産年齢人口（就業者人口）も消費者人口も会社の数自体も急激に減少していきます。こうした厳しい時代では、後継者は創業社長がつくってきた成長曲線すら維持できず、徐々にスローダウンしていく可能性も否定できません。

では、会社をこれからも成長、発展させていくためにはどうすればよいのか。

会社を成長させる戦略には、オーガニック戦略とレバレッジ戦略があります。

▼オーガニック戦略とは何か

オーガニックとは、「有機的」とか「自然に」というニューアンスの言葉で、オーガニック戦略とは、社内に蓄積された人材、商品、技術などを有機的に結びつけ、活かして、自助努力で会社を成長、発展させていく方法です。

わかりやすく言いかえると、社長ご自身が会社の成長戦略をつくり、成長シナリオを描いて、自助努力で会社を大きく発展成長させていくことです。社長自らの経営理念やＤＮＡで会社を成長させていくわけですから、経営者にとっては最高の戦略です。しかし、業界の先行き不安や経営環境の変化、人口減少問題、規制の緩和や強化などの外的要因もあって、ご自身の努力だけで会社を成長させていくのは、いずれ限界を迎えます。

たとえば、関西で創業し、名古屋、さらには関東まで進出することができ、現在は北関東にまで勢力を拡大することができた食品卸売業の会社があるとします。今後さらには東北にも進出したいと考えた時、越えなければならない壁があります。それは、関西と東北ではさまざまな面で大きく異なる文化の壁です。

関西人的な手法が東北で好意をもって受け入れられるとは限りません。私の経験から も、関西人の営業マンがまったく土地勘もない秋田や山形、青森などに行って自力で商売を広げていくオーガニック戦略は、かなりむずかしいことです。

▼レバレッジ戦略とは何か

もう１つの考え方は、レバレッジ戦略です。

オーガニック戦略とレバレッジ戦略

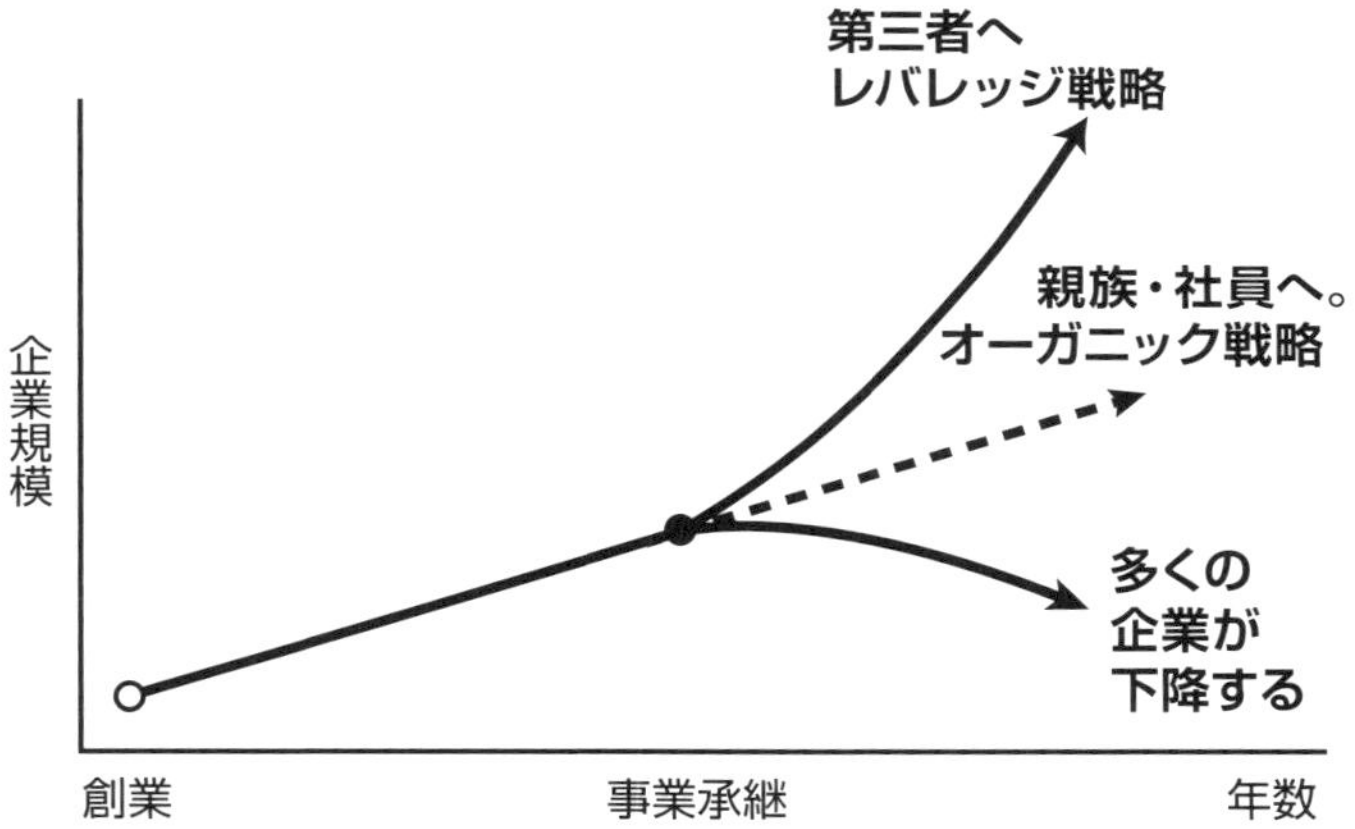

　レバレッジとは、「てこ」のことで、てこを使うと10ｋｇの力で50ｋｇのモノを持ち上げることが可能となります。金融の世界では、レバレッジ戦略というのは、他人資本、言いかえると他社の資金、人材、技術、販売ルートをうまく活用して自社の企業を成長させる戦略です。

　つまり、ここでいうレバレッジ戦略とは、Ｍ＆Ａによって他社の力を借り、これを〝てこ〟として会社を大きくしていく戦略です。

　レバレッジ戦略には次の手法があります。

1　会社を買う……買収戦略
2　大手の傘下に入る……パートナー戦略
3　ファンドと組む……パートナー戦略

それぞれ説明していきましょう。

1　会社を買う

M&Aによって他社を買収することで、シェアを拡大する、他地域に進出する、隣接業種における業務を拡大する、などの戦略を取ることが可能です。

たとえば、先にあげた食品卸業の会社で言えば、東北である程度の歴史と信頼を培ってきた老舗の食品問屋さんをM&Aで買収するのです。

地元で経営を続けてきた老舗の問屋さんには、地元の文化や慣習を知りつくしたベテラン営業マンたちがいます。そこに自社で仕入れた魅力的な商品を供給し、さらには自社の顧客管理システムなどを導入していきます。人材は新規採用しなくても、M&Aによる買収で現地のスタッフをそのまま引き継ぐことができます。関西から東北に商品を供給する体制を構築していくことで、迅速にビジネスを広げていくことができるでしょう。

事業を補完する有望な他社を買収することができれば、自社の経営を盤石なものにしてから後継者に引き継ぐことができます。

2　大手の傘下に入る

たとえば、M&Aを利用して相乗効果＝シナジーのある大手企業の傘下に入ることができれば、優秀な経営者人材や豊富な資金、信用力、販売ネットワークなどの資本を供給してもらうことで、これまで抱えていた経営課題を解決し、今後は大きな成長曲線を描くことができます。

この戦略は海外進出をする際にも有効です。日本のマーケットが縮小していく中で、近年では海外進出を考えている経営者の方も多いと思います。海外で商品を売りたい場合、自力で現地の人材を採用して、広告宣伝を展開しながらマーケットを広げていくには、相当の資金と体力を注ぎ込まなければなりません。しかし、その国に強いネットワークをもっている大手企業の傘下に入れば、リスクなしに自社製品を海外で販売し、業績を上げていくことができます。

必ずしも大手企業ではなくとも、相乗効果のある会社に自社を売却して事業承継することで、経営者ご自身が60歳になってからでも大きく会社を成長させることができるわけです。

これらの成長戦略をよく検討して、事業承継を機に新たな成長トレンドをつくり、社員をはじめ会社に関係する多くの人々の幸せを実現してください。

3 ファンドと組む

ファンドに株を持ってもらって成長を描く、というのも1つの選択肢となりつつあります。ファンドであれば、特定の企業の色がつくこともなく、事業会社としての独立性を保ったまま「プロ経営者」とともに発展させていけるからです。これまで見えていなかった自社の弱み、強みなどを客観的に明らかにでき、足りないところを補うために他社と組むなどの手法（アドオン）を組み合わせるなどして、加速度的な成長を遂げていく方法です。

皆さん方は、ファンドと言うと「ハゲタカファンド」や「物言う株主……アクティビストファンド」のイメージが先立って、よいイメージをもっていないかもしれません。金融テクノロジーを使って、会社の文化を滅茶苦茶にされる、会社を分解して切り売りされる、コストカットで社員のリストラが始まる、経営に乗り込んできて占領される、というイメージです。

ファンドには、「PEファンド」「ベンチャーファンド」「再生ファンド」「アクティビストファンド」等があります。

皆さんが心配するハゲタカファンドは再生ファンドで、経営破綻してしまい倒産するしか道が残されていない企業に投資を行い、企業存続をさせるため資産の切り売りやリストラを行う手法です。

再生ファンドにも、実は多くの人たちが救われている面があるのですが、リストラ等の部分だけがニュースで報道されたり、ドラマになったりするので、「ファンドは怖い！」というイメージになるのでしょう。

アクティビストファンドは、基本は運用ファンドで、運用のために上場企業に投資する手法です。今までは投資先の経営に口を挟まなかったのですが、最近は経営改善の提案を行うようになったということです。対象は上場企業であり、今回のテーマとは関係がありません。

一方、ＰＥファンドは未上場の中堅中小企業を対象にした、「事業承継や成長戦略」を目的にしたファンドです。ＰＥとは、プライベートエクイティ＝私的な株式＝未上場株のことです。

当社でも、他社と共同で事業承継を目的にしたファンドである日本プライベートエクイティ㈱、成長戦略を目的にしたファンドである㈱日本投資ファンドを運営しています。

ＰＥファンドは、アメリカ等では社会的なインフラになっています。

アメリカでは、未上場の中堅中小企業が「会社を売る」と言えばＰＥファンドに売ることですし、「会社を買う」と言えばＰＥファンドから会社を買うことと言っても過言ではないほどです。アメリカには、日本の70倍くらいの数のファンドがあって、活発に活動をしています。

日本では、従来はＰＥファンドが少なく、企業がレバレッジ成長戦略を考えた時には、「事業会社を買収する」または、「事業会社に譲渡する」しか方法がありませんでした。しかし、最近では日本でもＰＥファンドが活発に活用されるようになり、ファンドと組んで企業を成長させるという道が大きく開かれてきました。

多くのＰＥファンドは、母体が政府系金融機関、メガバンク、大手証券、大手商社、地銀等ですからレベルも高く、常識ももっているので安心して提案を聞くことができます。

▼パートナー戦略——「誰と組むか」の戦略を練る

ご自身が60歳になり、あと10年で会社を思い描いたステージまで成長させていくには、事業やプロジェクトの実現可能性を事前に調査・検討する必要があります。これを経営用語で「フィジビリティ・チェック」といいます。

残された10年間では、失敗は許されません。まずは、オーガニック戦略で自助努力によって会社を成長させることができるかどうかについて、フィジビリティ・チェックをします。「体力が衰えてきているため不安がある」「10年で目標に到達する自信がない」、あるいは「社内の人材が育っていない」「現有戦力での成長は困難」「現在の技術力ではこれ以上の成長はない」というような判断であれば、オーガニック戦略からレバレッジ戦略への転換が必要になってくるでしょう。

近年、M&Aの世界では、単に会社を売る・買う、といった一元的な考え方や、後継者不在問題の解決という動機は時代遅れになりつつあります。会社の成長戦略を実現するためには、「誰と組むのがいいのか」にシフトしているのです。つまり最新のM&Aでは、「組み方」が重要視されているわけです。これをパートナー戦略と呼びます。

乱世の戦国時代、台頭してきた戦国大名の中には歴史が浅く、地盤が強固でなかった者もいました。そうした大名は、自分たち一族だけでは他家に滅ぼされる可能性が高いため、他の大名と手を組み同盟を結んだり、力のある大きな大名家の傘下に入ることで生き残りをはかる場合もありました。

同じように、中小企業の場合も、「どの会社と組めばいいのか」「どのような相乗効果があれば会社を成長させることができるのか」「どのような技術革新、営業ネットワークが必要なのか」といったことを検討しなければなりません。

その時、M&Aで他社を買収して地盤を固めたり、他企業の傘下に入って会社の存続と成長をはかるレバレッジ戦略が重要になってくるのです。

今、60歳のあなたの右手には事業承継という課題があります。そして左手には会社

レバレッジ戦略を前提に承継を考える

レバレッジ戦略の活用

の成長戦略の実現という大きな課題があります。この両方を一挙に解決、実現していくために有効な手法の1つがＭ＆Ａです。

60歳になったタイミングでＭ＆Ａの検討を始めて、3～5年間はご自身で会社を経営しながらレバレッジ戦略を推し進めていくことが大切になってくるのです。

では次に、レバレッジ戦略を前提とした事業承継について考えてみましょう。

まず知っておいていただきたいのは、これは中小企業庁が公表している『事業承継ガイドライン』にも明確に定義されていることですが、事業承継には次の3つの方法しかないということです。

1　親族への承継
2　社員への承継
3　第三者への承継（M&A）

それぞれについて説明していきましょう。

▼親族への承継——30年前の事業はもう成り立たない

親族への承継の中で、息子さんや娘婿などの親族に会社を継がせたいというケースから考えてみます。

私は仕事柄、2代目の社長と話をする機会が多くあります。

若手経営者の団体や金融機関の2代目経営者の勉強会に呼ばれて話をし、その後会食、2次会という流れでいろんな経営者とお付き合いをしてきました。また、2代目経営者が経営の相談に来られることもよくあります。

彼らは真面目であり、一生懸命仕事をしています。ほとんどの2代目の方々の経営にかける情熱は、創業者であるお父様に何ら劣るものではありません。

しかし、彼らはものすごく大きな悩みを2つ抱えています。

1つ目は、お父様から引き継いだ事業が古いということです。

お父様が起業したのは30年も前のことで、その事業が現在の経済環境に合っていない、社会に必要とされていないものになってしまっているのです。それでも、工夫に工夫を重ねて何とか黒字で経営しています。

食事会等で、「社長、5年先のビジョンはどのようにお考えですか?」と聞くと、大半の経営者が「三宅さん、勘弁してください。5年先なんか考えられません。血の滲むような努力を重ねて単年度単位で黒字を出すのがやっとです」という答えです。

2つ目は、カリスマ性がないということです。

お父様は、創業社長です。強烈なカリスマ性があり、カリスマ経営で会社を成長させてきました。しかし自分は創業したわけでも、修羅場をくぐり抜けてきたわけでもない。社員は自分のことを2代目経営者として見ているし、なにより、自分にカリスマ性がないこと、経営に対する自信がないことは自分が一番よくわかっている。

だから、この厳しい時代に、カリスマ経営からマネジメント経営に移行せざるを得ない。これは大変なことなのです。

親族に継がせる場合、まず真剣に考えなければいけないことは、息子さんに会社を継がせたとして、本当にこの先の20年後、30年後も、息子家族を含めて社員全員が幸せでいられる会社にしていけるかどうかということです。

あなたが会社を創業したのはもう30年も前です。当時、世の中で必要とされていた事業で会社を創業したわけですが、それから30年が経過して、今その事業には時代のニーズがあるでしょうか？　もしニーズが不確かだとすれば、これから先の30年、息子さんはその事業を継続して会社経営を続けていけるでしょうか？

あなたはこれから事業承継の準備を始め、仮に5年後の65歳の時に息子さんに会社を継がせるとします。その時、息子さんは30代後半です。彼はその時点で会社の借金と連帯保証、そして担保も引き継ぐことになります。

会社を引き継いだ場合は、借金を完済するか、よほどの優良企業に成長するかしない限り、連帯保証も担保も外れることがありません。ですから息子さんは、次の事業承継のタイミングがくる65歳くらいまでの30年ほど、嫌でも経営を続けていかなければなりません。サラリーマンとは違って、転職することなどできないのです。

ニーズが先細りする事業で経営を続けることほどつらいことはありません。それでもあなたは、息子さんに会社を継がせようと考えるでしょうか？

私であれば、この先、息子さんが経営者として夢を追い続けることができる状態にしてから、会社を引き継ぎたいと考えます。

ですから経営者であり父であるあなたが60～65歳の間でやるべきことは、M&Aによる、後継者のための第2創業なのです。

たとえば、洋服の卸売業の会社を経営している経営者を例に考えてみます。

卸売業は、社会からの必要性がなくなってきている現実があります。

消費者のニーズは「ユニクロ」や「しまむら」などに代表される、低価格で流行を素早く取り入れたファストファッションと呼ばれる商品に移行しています。地方の商店街に昔からあった洋品店などの小売業はかなりの速度で淘汰され、その結果、そうしたお店に洋服を卸していた問屋の存在価値がなくなってきているのです。

しかも、今はインターネット通販の時代で、すべてネットの通販ですませてしまう人たち、「メルカリ」のようなネットのフリーマーケットで安く洋服を手に入れる人たちがどんどん増えています。今後5年先、10年先を考えれば、この傾向はさらに加速していくでしょう。卸売業のまま会社を継がせたとしても、この先も会社が存続できる保証はありません。「継がせる不幸」になりかねないのは明らかです。

会社が破綻すると経営者はどうなってしまうでしょうか。多くの場合、自己破産するか、夜逃げをして責任回避をするか、自殺をして責任を取るか、この3つのシナリオしかありません。そんな将来を息子に選ばせるわけにいかないのは当然です。

▼息子さんとともに第2創業をする

では、このような場合は、どうすべきなのでしょうか？

洋服の卸売業の経営者なら、インターネット通販を手がける会社を買収することが考えられます。

本体は卸売業なので、マーチャンダイジングができます。今、消費者が求めている一番の売れ筋商品を最も安く仕入れることができるのが卸売業ですから、これを母体としてネット通販の会社を買収して子会社にすれば、高い相乗効果＝シナジーを得ることができます。しかもネット通販では、在庫や店舗をもつ必要がありません。

次期社長の息子さんはまだ若いので、洋服だけではなくアクセサリーやコスメ、雑貨販売などに業務を広げていくかもしれません。若い女性のライフスタイルに訴求する、創造型のネット通販会社に進化していくことで、この先20年、30年とビジネスを展開し、繁栄し続ける会社に変貌させていくことができるでしょう。

このようにM&Aを絡めた第2創業を、息子さんと一緒にやることによって、新しいビジネスモデルを構築することができ、10年、20年先までのビジョンを描くこともできるようになるのです。最初に申し上げた2代目が抱える2つの大きな問題を克服することもできるし、息子さんに経営の自信とカリスマ性をつけることもできるでしょう。

ただし、M&Aで企業買収を行うのは、そう簡単なことではありません。

・シナジー効果のある企業を選定する
・買収資金を銀行から調達する
・買収資金の返済計画を考える
・買収した企業の経営陣や幹部社員とパートナーシップを組む

・買収した企業と自社とで新しいビジネスモデルを構築する
・新しいビジネスモデルがスムーズに動くように社内をモチベートする
・成功した時のインセンティブプラン、人事考課等の制度を導入する
・必要な人材を外部から採用する

これらを行うことはまさに経営そのもの、起業そのものです。

これを、お父様であるあなたがコーチになって息子さんに実現させることで、息子さんは誰もが認めるホンマモンの経営者に大きく脱皮することができます。

親の七光りの下でいくら頑張っても、息子さんにカリスマ性がつくことも、ホンマモンの経営者に脱皮することもありません。するとあなたはいつまでも心配で、院政で会社を経営することになります。社員はそれをよく見ているので、親のあなたの顔色をうかがい、息子さんは無視され続けます。

考えてもみてください。

本当の経営もさせてもらえず、社員からは無視されるか、バカにされ続ける息子さんの人生は幸せでしょうか？

人間は、自分で何かを成し遂げて、人から認められ、尊敬や賞賛を浴びてこそ幸せと言えるのではないでしょうか？　息子さんをそのような経営者に育てるための最もすばらしい方法が、第2創業なのです。

親族への事業承継を考えている人は、そうした可能性を開くために、将来的な可能性のある事業体に変貌させるような第2創業を、後継者とともに実現していかなければいけないと思います。

▼社員への承継——PEファンドを上手に活用する

次に2つ目の、社員に会社を継がせる場合について考えてみましょう。

経営幹部、いわゆる番頭さんに会社を継がせることを「MBO（マネジメント・バイアウト）」といいます。管理職（マネジメント）が会社を買収する（バイアウト）ということです。従業員に会社を継がせることを「EBO（エンプロイ・バイアウト）」といいますが、この手法の事例はきわめて少ないのが実情です。

MBOで考えなければいけないことは2つあります。

まず、資金力の問題です。

どんな会社でも、「自社株」の値段はある程度高額になります。社員が15～20名の会社の場合でも2、3億円になるのが普通で、これが社員100～200名ほどの中堅企業になってくると、株価は5～30億円というケースはざらにあります。

注意しなければならないのは、会計事務所や金融機関が出してくる自社の株価は、「相続税評価額」であることが多いことです。相続税評価額とは相続税を納める際に算出される金額で、低めの金額で算出されるようになっています。納税者が不当に高い相続税を課せられることがないように、納税者有利になる計算方法、すなわち時価よりも安く算定される方式を取っているからです。

一方、M&Aの場合の株価算定は「時価」で行われます。そのため、相続税評価額よりはるかに高い金額になってくることは覚えておいてください。

以前、私が関与した案件で、関西の建設業のM&Aがありました。この会社の当時の年商は30億円弱でしたが、会計事務所で計算してもらった相続税評価額は、ほぼ0円でした。借入金額が多かったからです。

ところが、M&Aにおける株価である時価を計算したところ4億円でした。この場合、仮に幹部社員がＭＢＯで会社を引き継ごうとした場合は、株を買い取るために４億円の資金が必要になります。

ＭＢＯを実施する際には、株を買ってもらい、連帯保証と担保を引き継いでもらうことが必須要件になります。しかし、時価で算出した株価の金額を幹部社員が用意できるのかというと、多くの場合で問題が起きます。

幹部社員には、「常務取締役営業本部長」とか「専務取締役工場長」などの立派な肩書きがついていると思います。しかし、給料はどうでしょうか。

幹部社員になってからは７００万円、８００万円ということが多いと思いますが、若い頃はさらに少ない給料で雇用していたはずです。現実的には株式を買い取るほどの資金はないでしょうし、億単位のお金を金融機関から融資してもらうのもむずかしい、というのが一般的です。

また、連帯保証と担保の問題もあります。サラリーマンであった幹部社員には、５億円、10億円という借入れに対する連帯保証の覚悟も、提供する担保もありません。ＭＢＯの多くの場合、この２つのことが問題となるのです。

中堅企業の場合は、番頭さんに「次の社長はお前に任せる」と言っていたり、息子が次期社長候補として入社していたりと、「他の事業会社に譲渡したい」と言い出しにくい状況になっている場合も多くあります。

そうした場合に有効なのが、「ＰＥファンド（プライベート・エクイティ・ファンド）」の活用です。

ＰＥファンドについては先ほども述べましたが、しっかりと運営している優良ファンドがたくさんあります。「ＰＥファンド」や「事業承継ファンド」と呼ばれるファンドは、政府や金融機関から資金を集めて、幹部社員などが会社を継ぐ非上場企業に対して株の移転をサポートするものです。

基本的なＰＥファンドの仕組みをご説明します。

ＰＥファンドは、政府系金融機関やメガバンク、大手商社などが、ファンド会社を経営したいメンバーと一緒になって「ファンド管理会社（ＧＰ会社）」を設立します。

事業承継型ＰＥファンドであれば、このファンド管理会社が事業承継のニーズをもっている地銀等に声をかけてファンドに出資してもらいます。

たとえば、地銀1行が3億円ずつ出資し、10行が集まるとファンドは30億円になります。これにＧＰを設立した政府系金融機関等が20億円を出して、合計50億円のファンドが完成します（通常、事業承継第1号ファンド等の名前がついています）。ファンドに出資した地銀のことをLP（リミティッドパートナー、有限責任組合員）といいます。

オーナー社長が幹部社員に会社を継がそうと思ってファンドにコンタクトすると、ファンドから出資の提案があります。

ファンドには、自分の意思を明確に話すことが大切です。たとえば、「事業承継にファンドを使いたい。自分は半年は引き継ぎに協力するが、リタイアを希望している。幹部社員を社長として登用してほしい。社長は営業畑なので、管理畑の優秀な人材を補強してもらいたい」などということを明確にするのです。

両者が合意すると、まず、ファンドはオーナー社長から株式を買い取ります。

オーナー社長は株を売却するので、その売却益をファンドから得てハッピーリタイアをすることができます。

株主になったファンドは、幹部社員を社長に任命します。この新社長は株を買わずに会社を経営していくことになります。これだと、幹部社員に資金がなくても社長業を交代することができるというわけです。

▼PEファンドは経営者の育成にも強みを発揮する

幹部社員が会社を引き継ぐ場合、資金不足以外に、もう1つ問題があります。それは、経営者としての資質の問題です。

大手企業と違って、中堅・中小企業の幹部社員にはゼネラルマネジャーが少なく、専門職のスペシャリストが多いという現実があります。

営業のプロとして仕事をしてきた営業本部長は、「モノを売るのは任せてくれ！」と言いますが、工場の生産部門や人事部門のことはわかりませんし、金融機関との融資の交渉もしたことがありません。おそらく、コンピュータによる社内のシステム構築もしたことがないでしょう。

工場長も同様です。モノづくり一筋で、工場に一歩入れば、すべてのことがわかります。グリスが焦げる臭いと機械の音を聞いただけで製品の品質がわかる、というような技術のプロフェッショナルです。しかし、営業はできないし人事管理や銀行との交渉もできません。こうした人が経営をしていくことはむずかしいと言わざるを得ないでしょう。

経営者の仕事は多岐に渡ります。会社運営では資金繰りや設備投資は最重要な仕事ですから、銀行と交渉してお金を借りなければいけません。採用も重要な仕事だし、入社後は社員教育をして、やる気を出させて成長させる仕組みも必要です。メーカーであれば高品質の製品を安定して製造して、営業マンが得意先を開拓して製品を売っていきますが、これらのマネジメントも重要な仕事です。

こうした一連の仕事をすべて行うことができて初めて経営者なのであって、1つの分野に秀でていても、経営者としてやっていけるわけではありません。

また、事業承継をするということは、会社のすべてを引き継いでオーナーになるということです。つまり、株を買い取ってオーナーシップをもち、借入金の連帯保証を引き継ぎ、社長の担保提供も自分で差し替えます。オーナーシップをもてないと社員はなかなかついてこないし、金融機関の信頼も得にくい面があります。そんな状態では、創業社長の本当のリタイアもないということになります。

このような場合でも、PEファンドでは足りない人材を派遣してくれます。たとえば、工場長が会社を引き継ぐのであれば、営業本部長の人材やCFO（財務担当役員）

を会社に派遣してくれるので、新社長としては自分の専門分野に専念しつつ経営ノウハウを学びながら経営をしていくことができるわけです。

つまり、PEファンドは、期間を限定して、足りないものを補って供給しながら社長の成長を促し、会社の価値を高めていくという機能をもっているのです。

たとえば5年間、社長として経営しながら、CFOや営業本部長などからさまざまなノウハウを学び、もう誰の援助もいらない、本物の経営者としてやっていけると判断された場合は、銀行から「LBO（レバレッジド・バイアウト）ローン」を組んでもらって、PEファンドから会社の株を買い戻すことが可能になります。そこで晴れて、オーナー社長として活躍していくことができるわけです。

一方、5年間社長をやってみたが、やはりむずかしい、適性がないと判断した場合は、PEファンドが第三者の買い手企業に売却することで、子会社の社長として経営をしていくという道もあります。苦手な営業や人事の責任者は親会社にお任せして、自身は得意分野である製造部門でさらなる磨きをかけながら、雇われ社長として経営を続けていくという道もあるのです。

MBOで会社を幹部社員に継がせるという選択をした場合は、そのままの状態で引き継ごうとしても挫折してしまうケースが多いものです。

このように、幹部社員に会社を継がせるには、資金力の問題と総合的な経営能力の問題があります。それらをクリアできるのがＰＥファンドです。ＭＢＯで幹部社員に会社を継がせたいという場合は、ＰＥファンドなどの活用も重要な選択肢になってきます。

▼自社株の所有者と経営者を分離した場合に起きる問題とは？

会社を幹部社員に継がせるＭＢＯを検討する経営者は近年増えていますが、ここでは、第1章でもご紹介した「事業承継ナビゲーター」でのコンサルテーションの様子を少し紹介しましょう。

事業承継ナビゲーターでは、中堅・中小企業の経営者に、計2～3回の「マネジメントミーティング」を行っています。1回あたり5～10社の経営者の方が参加されて、相互にディスカッションをしながら検討を進めていくという形式です。

さまざまな業種の経営者が参加していますが、そのうち約6割の方が、「うちは幹部がしっかりしているので、会社は幹部社員に継がせたい」とおっしゃいます。しかし、幹部社員に事業承継した場合にネックになる問題があることを、皆さんよくご存知ないという現実があります。

ご自身の右腕としてここまで仕事をしてきたのですから、会社を任せたいという気持ちはよくわかります。業界のことも会社のこともよくわかっていて、会社と事業のDNAを色濃く引き継いでいるのですから、会社を継がせるには最適な人材です。息子さんに継がせるよりも、むしろ健全だといえるかもしれません。

しかし、幹部社員が会社を引き継いだ場合、問題が起こる可能性があります。

株は息子さんに承継する一方、社長には幹部社員がなって手腕を発揮し、業績がよくなったとしましょう。自社株の所有者と経営者が分離している状態です。

息子さんは会社の株を相続し、多額の借金をしてまで相続税を支払ってきました。役員になって会社から報酬を得てきましたが、相続税支払いのために銀行から借りたお金の返済が多く、決して楽な生活はしていません。

一方の社長になった幹部社員にしてみれば、自分が苦労して経営をしてきた結果、会社の業績が伸びたのだ、という思いが強くあります。「オーナーでもないのに連帯保証と担保を引き継いで、大きな重荷を背負ってここまで経営してきた。しかも先代の息子の相続税の工面までしてきたのだから、自分もそれなりの役員報酬を取るのは当然だ」と考えます。そして多額の役員報酬や賞与、交際費などを取得します。

すると、息子さんはこう思います。「自分は相続税支払いのための借金返済のお金は会社からもらっているが、それ以外の報酬はもらっていない。いい思いをしているのはあっちではないか」と。そして2人の間には亀裂が入ってしまいます。お互いに、もう顔も見たくないという状態です。

そこまで仲が悪くなり、話し合いが決裂して解決策がなくなってしまった状態で当社に相談にいらっしゃる、ということもよくあるのです。

息子さんとしては、「もう会社を売却したい」ということで株価を算定したところ、会社の業績がアップしたので、10年前の10億円から、現在は13億円にもなっている。すると彼は考えます。「会社を売却すれば、自分には13億円が入ってくる。ようやく今までの苦労が報われる」と。

こうなると現社長としては、会社の株を買い取りたいと考えます。しかし、資金がないのでむずかしい。他社に売却されるなら、自分には何のメリットもない。大手の傘下に入ると今までのような好き勝手はできなくなってしまいます。であるならば、自分は社長を降りると言い出します。

すると、困るのは買い手企業です。なぜなら、この会社は現社長の経営手腕でここまで業績が伸びてきたわけです。それなのに、この社長が辞めてしまったら会社の価値は急落します。買い手企業としては、「そんな会社は買収する価値がない」という判断になります。まさに、負のスパイラルです。

さらに、この社長が社員たちの気持ちをしっかりつかんでいれば、社員たちも辞めてしまうかもしれません。社長と優秀な社員が抜けてしまった会社は、ただの空箱です。買い手企業にしてみれば、買収しても何のメリットもありません。

結果的にM&Aは成立せず、どこにも進めない、出口のない会社になってしまいます。オーナーも、社長も、社員全員も不幸です。実は、こうした事例が意外と多いのです。

持株会社による「資本と経営の分離」や「節税対策」にはこのような落とし穴が内在しているケースがあります。

事業承継ナビゲーターで実施する事業承継座談会でも、こうした事例をお話しします。そのうえで、会社の株価や相続税の算定をすると、皆さん、ご自分のこととして理解してくださるようです。

ちなみにこのようなケースでは、元幹部社員＝現社長が株を買い取るのが一番すっきりした形になります。しかし多額の資金を用意することができないため、まずはＰＥファンドに株を買い取ってもらってから、数年後にＭＢＯで社長に株を買い戻してもらうというスキームを採用することで、後々のトラブルを回避することができるのです。

▼第三者への承継(M&A)――私が体験したケーススタディ

では最後に、３つ目のＭ＆Ａによる第三者への承継について考えてみましょう。ここでは、私がＭ＆Ａのお手伝いをして事業承継に成功された事例をケーススタディとして見ていきたいと思います。

千葉県某市に本社を構えるＥ社の社長、Ｈさん（当時65歳）が事業承継ナビゲーターに相談に来られたのは、２０１６年の冬のことでした。Ｅ社は設備工事を請け負う会社で、当時の年商は約10億円、社員は約30名で、毎年しっかり利益を上げている安定企業でした。

Hさんは高校を卒業すると同時に田舎から上京。親戚の知り合いが経営する設備工事の会社に就職し、住み込みで働き始めました。職人としての腕を磨いていったHさんは、話が上手なタイプではなかったものの、相手の懐に入るのがうまく、独特の営業センスがあったこともあり、取引先からの信用を得ていきました。

その後、会社を退社したHさんが独立して創業したのがE社です。以来、Hさんは堅実な経営を続け、地元でも知られる優良企業に育て上げてきたのでした。

そんなHさんには、3つの悩みがありました。事業承継問題と長年抱えてきた経営課題の解消、そして社員がこの先も安心して働けるように会社をさらに成長、発展させることでした。

Hさんには2人のお子様がいます。しかし、息子さんは大手商社に勤務しており、すでに家族とともに人生の基盤を築いていることから、父親の会社は継ぐつもりはないとのことでした。そこで娘婿を後継者にとも考えたのですが、残念ながら彼には経営者としての資質と覚悟に欠けているように見えます。

私がHさんに、子供に会社を継がせることの不幸のお話をすると深く納得され、「実は、長く勤めている幹部社員に会社を引き継ぎたいと考えている」ことを話してくれました。

幹部社員の方は社員からの人望も厚く、社長であるHさんからの打診を受けて前向きに検討しているということでした。しかし、事業承継ナビゲーターでのミーティングで、幹部社員に自社株の買い取り資金の問題や連帯保証の話をすると、彼は驚きを隠しきれない様子でした。

その後、何回かのミーティングを重ねていく中で、幹部社員の家族からの反対もあり、やはり会社を引き継ぐことはむずかしいという結論に達したそうです。その結果、HさんとはM&Aによる会社の譲渡の方向で話を進めていくことになったのです。

E社が長年抱えていた経営課題とは、取引先の固定化の問題と人材不足でした。売上げのほとんどを1社から請け負っている状況で、将来的な経営不安がぬぐい切れません。また、地元の優良企業といっても、就業人口の減少が顕在化している現在では、求人募集をかけてもほとんど応募がないという現実に直面していました。人材不足から現場の人間が疲弊しており、いつ重大なミスが起きてもおかしくないような状況に陥っていたのです。

そこで我々が提案したのは、大手建設企業のグループ会社であるT社に、M&AでE社を譲渡するというスキームでした。

大手企業の傘下に入ることで、事業承継問題を解決し、経営の安定化と人材不足を解消できます。さらに資本等の注入を受けることで、将来的な会社の成長も実現することができます。これで、Hさんが抱えていたすべての問題をクリアすることができるわけです。

2017年の初頭から動き始めたM&Aは約半年で成約に至り、Hさんは創業者利益を手にすることができ、従業員全員の雇用が継続されました。現在、HさんはE社の会長として仕事を続け、2年後にはリタイアする予定だということです。

M&A後、Hさんは私に「実は人材不足でギリギリの状態でした。元請からは厳しい納期指定がある。それを睡眠不足と過労の中、少人数でこなしていました。いつ事故やミスが起きてもおかしくない状態だったんです。今は、大手の子会社となり採用もスムーズですし、現場監督も親会社から派遣してもらって非常に安心できる状況になりました」と打ち明けられました。

▼「第三者への会社の売却」の6つのメリット

この事例からも、M&Aによる第三者への会社の譲渡で、経営者が多くのメリットを得られることがわかるでしょう。メリットは、次の6つに整理できます。

1　後継者不在問題を解決し、事業承継を実現できる
2　先行き不安と経営課題の解消が可能になる
3　従業員の雇用を継続できる
4　創業者利益を確保できる
5　連帯保証や担保から解放されて、ハッピーリタイアを実現することができる
6　さらなる会社の成長・発展を実現できる

大手企業への事業譲渡が実現することで、後継者不在問題を解決し、先行き不安と経営課題の解消ができます。

社員の雇用が継続されることで、社員の家族の人生計画が壊れることなく、不幸に

ならずにすみます。さらに、新しいオーナー企業との相乗効果によって会社がより成長、発展することで、社員の出世や待遇改善が見込め、人生が大きく拓けていくことになります。

譲渡企業のオーナー社長は廃業も自己破産もせずにすみ、創業者利益を確保することができます。前述のHさんのケースでは、自己資本2億円に営業権（のれん代）をつけてもらって3億円で会社を譲渡することができました。実質の手取額は80％になるので、2億4000万円が現金で手に入ることになります。これで老後の生活を安心して送ることができる目途が立ったのです。

然るべき創業者利益を確保することで、子どもや孫たちの将来に対しても十分なことをしてあげられます。また、連帯保証と担保を解除してもらうことで、大きな重荷を下ろして重圧から解放されることで、心身ともに幸せな老後を迎えることができるのです。

以前は自分の会社を第三者、つまり他社に譲渡するのは経営者として恥ずかしいと感じる人もいましたが、今では逆に、M&Aができるのは経営者としての成功者であるという価値観が主流になっています。上記のようなメリットがあるのですから、当然のことといえるでしょう。

M&Aで譲渡できる会社は、魅力があり、社会から必要とされているという証です。そうした会社を創ってきた経営者は、事業家としての成功者であり、勝利者なのです。廃業を検討したり、会社の成長を諦めたりする前に、M&Aを重要な選択肢として検討してみることが大切です。

ただここで1つ、皆さんにお伝えしたいのは、M&Aはあくまでも手段であって、目的ではないということです。

会社を買収する経営者は、まず会社に対して思い描く夢やビジョンがあり、それを実現するための戦略の1つとしてM&Aを活用しています。M&Aを目的と考えてはいません。

たとえば、成長戦略として他地域への展開を考えている場合、あるいは業態を強化するための川上・川下戦略や隣接業種とのシナジー効果を目指している場合、最も効率がよく、成功の確率の高い手法＝ベストプラクティスとしてM&Aがあり、それを選択、実行しているのです。

会社を他社に譲渡する場合でも、ただM&Aで創業者利益を得られればいいというわけではありません。その先に会社のさらなる成長があり、社員たちの幸せがあります。そうした目的のためにＭ＆Ａという手段を活用するのが、本来のあり方です。

前にも述べましたが、私はよくＭ＆Ａを結婚にたとえます。周りの人間が結婚していくから自分も乗り遅れないために結婚する、世間体が悪いから結婚する、などということでは本末転倒です。結婚することが目的ではなく、家庭の楽しさ、子供を産んで育てていく幸せ、人生の伴侶とともに過ごすことで得られる喜び、そうした幸福を手に入れるために、人は結婚します。

あなたがこれから会社をどんなふうにしたいのか、あなたとあなたの家族はこれからどんな人生を歩んでいくのか。会社のビジョンを達成し、あなたとあなたの家族の幸せを得るための手段として、Ｍ＆Ａを考えていただければと思います。

財産シートを
つくってみよう!

第 4 章

▼経営者は後ろ向きの問題が苦手

ここからは、財産と経営を誰にどう残すかについて、具体的にどのような対策を打っていけばよいのかを掘り下げてお話していきます。

そもそも経営者というのは、私も含めて後ろ向きな問題解決が苦手なものです。

たとえば、部下から「新規開拓、値引き交渉、トラブルシューティングなどについて困っている」と相談されれば、「よし！　俺がなんとかしなければ！」ということで、アドレナリン全開で交渉に当たります。

一方、前だけを見て会社をけん引してきた経営者は、「経費精算が溜まっているな」「人間ドック、今月も行かなかったな」など、処理しなければいけないとわかっていても過去を振り返らないのでこうしたことを先送りしてしまう傾向にあります。

「自分の相続や事業承継の問題はあまり考えたくない」という気持ちは、心情的にとてもよくわかります。しかし、経営者として必ず向き合わなければならない問題です。

私も自分自身のこの問題に向き合うまでは苦手分野でした。しかし専門家の力を借りて整理すると、先にも書いたように「人生のデトックス」ができたような爽快感がやってきました。

安心してください。一度向き合って整理しておけば、後はそれをもとにアップデートしていくだけで、それほど大変ではありません。

経営者には、さまざまなブレーンがいますが、こと事業と財産が絡み合う経営者の承継問題については、トータルで考えられる専門家が、実は多くありません。

なんとなく「相続」「事業承継」について相談すると……。

「持株会社にしたらどうですか？」
「株価の引き下げをしましょう」
「相続対策は不動産活用が有効ですよ」
「納税資金は生命保険を使うべきです！」
「後継者がいないなら、会社を譲渡しませんか？」
「後継者育成のために、教育を受けさせましょう！」

など、十人十色の答えが返ってくるばかり。

というのも、大相続時代到来、大廃業時代到来、ということで、銀行、証券、生損保、不動産、マンションディベロッパー、税理士、コンサルタント、あらゆる業界がこの状況に注目し、自分のビジネスに取り込みたいと考え、それぞれの立場でできることをアドバイスしているからです。

各社には、「ウエルスビジネス部」「事業承継コンサル部」等があり、専門的なアドバイスをしてくれます。

しかし、問題が２つあります。

１つ目は、経営者自身、自分の財産の全体像がわかっていないということです。

２つ目は、各社が自社の商品を売り込むための手段として考えているので自社の商品を中心にした話になってしまい、総合的なアドバイスにはならないということです。

そもそも彼らは自社の商品を使ったソリューション（問題解決）には精通していますが、他の方法に関しては専門家というわけではありません。財産の全体像が見えていないのに、その一部で偏った商品知識しかない専門家にアドバイスをもらっても、全体の最適化はできません。

経営者が財産承継に関して判断していくためには、

・財産の全体像を把握する
・すべての手法を網羅的に検討して最適化をする

という2つのことが必要ですが、現在の経営者を取り巻く環境は、情報が錯綜しすぎていると言わざるを得ない状況です。

▼後悔を残さない財産承継の基本ステップ

経営者が相続や事業承継を考え始めると、会社の成長が鈍化してしまうことがあります。いわば、アクセルとブレーキを一緒に踏んでいる状態だからです。

「このまま成長させても、継げる人間がいなかったらどうしようか？」
「いい会社にすればするほど相続が大変になるらしい。成長させていいのだろうか？」
「借入れをして設備投資をする必要があるが、返済まで健康だろうか？」

こんなジレンマに陥っているのです。

しかしこのような状態は、健全とはいえません。経営は常にアクセル全開でなければならないからです。事業承継と人生の方向性が見えると、ブレーキが外れてアクセル全開になります。事業家としてやり切り、承継もうまく乗り切り、次の人生ステージにスムーズに移行できるのです。

承継後の人生も長いものです。20〜30年ある人もいます。今まで経営者であった期間と匹敵する時間が待っています。このネクストステージをより輝くものにするために、スムーズな事業承継が不可欠なのです。

これまで経営者として事業を通じて社会貢献してきた皆さんは、今まで以上に人生を充実させていかなくてはいけません。なにしろ、人生最後の大切な時間なのですから。

事業承継と相続対策は、会社と家族と自身を守るため、必ず必要なことなのです。

私は、事業と財産の承継の成功とは、「次の代までも、家族も会社も幸せに繁栄すること」だと思います。

これを実現するためには、まずは一歩引いて、経営の承継、財産の承継の全体像を俯瞰してみることです。全体の方向性がわかると、突如として前向きな問題解決に変貌します。経営者なので、前向きな問題解決は得意中の得意のはずです。これが、「後悔を残さない経営」のための第一歩です。

ではここで、後悔を残さない財産承継のためのステップを整理しておきましょう。

ステップ1　全体像を知る

経営と財産の承継に対して俯瞰し、全体像を知る。取りうる対策、方法の選択肢をすべて知る。

ステップ2　優先順位を決める

専門家とディスカッションを行い、自分の優先順位を決める。優先順位に基づいて選択肢を絞る。

ステップ3　自分のモードを切り替える

財産の全貌と、その対策が絞り込めれば頭がすっきりする。前向きに問題を解決していく気持ちにモードが切り替わる。

ステップ4　家族と対話をする

家族と財産承継に関して語り合う。ステップ2で得た専門家の知見を加味することで建設的な話ができる。

ちなみに、まずは次の2つのことについて明確にしておくことが大切です。

・そもそも相続税対策はなんのために必要なのか？
・会社は誰に継がせるのがベストなのか？

これらを理解して初めて、適切な専門家のアドバイスを仰ぐことができ、優先順位も決まるのです。

▼自分の財産の価値を知ろう

では最初に、経営者個人の財産の承継に焦点を当てていきます。個人の財産を考える場合は、２つの視点が必要です。

１つ目は「相続税」の視点です。

相続税は、経営者個人にとってはいわば未払いの税金です。しかも支払わなければいけないのは配偶者や子供たちですから、支払いすぎてしまうことのないよう、十分に注意しなければなりません。

２つ目は「換金価値」の視点です。

相続税評価額と換金価値には大きな差がある場合があります。ですから、所有する財産を実際に換金したらどれくらいの金額になるのかを知っておかなければなりません。財産を相続されるご家族にとっては、「売却したら、いくらになるのか」は大問題です。

重要なことは、自分で財産の棚卸をして、書き出すことです。「税理士に任せているので財産目録はつくっている」「相続税の心配はない」という経営者の方は多いものです。しかし、家族や税理士があなたの財産のすべてを把握しているわけではありません。自分以上に自分の財産を把握している人間はいないのですから。

▼「まだ早い」「なぜ今なのか？」と考えがちな経営者たち

現代の60歳はまだまだ若く、以前の還暦というイメージとはまったく異なります。特に経営者は現役バリバリで、バイタリティがありエネルギッシュです。

そうした経営者に、「そろそろ財産の承継について考えましょう」と提案すると、ほとんど、「まだ早いよ」という答が返ってきます。しかし、決して早くはありません。

1つ目の理由は、財産の承継を最適化するためには時間がかかるからです。自社株、不動産、現金などがそれぞれ相続人の人数でうまく配分できるようになっていたら苦労はありません。しかし、自社株が財産の70％を占めていたり、現金が極めて少ないなど、財産の構成（ポートフォリオ）が偏っている場合があります。

オーナー社長のビジョン通りに財産を承継するためには財産の構成の組み直し等が必要ですが、これには数年以上の時間がかかってしまいます。

もう1つの理由は、認知症や脳疾患による判断能力の欠如です。

三大疾病のがん、心筋梗塞、脳卒中についてのデータは第1章でもふれましたが、近年増加傾向にあるものに認知症があります。

内閣府が公表しているデータによると、60歳から64歳の人々のうち、いわゆる若年性認知症に該当する人の割合は0・18％です。ところが、65歳から69歳の男性の認知症有症率は2・8％、70歳から74歳は4・9％に急上昇します。

また、2012（平成24）年には65歳以上の高齢者のうち認知症を発症している人の割合が15％（7人に1人）、462万人だったものが、2025年には5人に1人の約700万人にまで増加すると推計されています。

実は認知症と診断された場合、相続も含めた法律行為はできません。認知症と診断されていなくても、その前段階で適切な判断ができるかどうかは大いに不安が残るところです。

以前、店舗数を伸ばして急成長を遂げていた飲食店の経営者がいました。当時60歳のAさんは、とてもバイタリティのある方で、フルマラソンが趣味でした。事業を拡大させ、30歳の長男に会社を引き継がせるべく順調な経営をされていました。ところが、あるフルマラソン大会に参加した時のことです。いつもと同じように完走したその夜に、脳出血で倒れてしまったのです。一命は取り留めましたが、経営上の意思決定ができない状態になってしまいました。

会社は長男が引き継ぎ、懸命に立て直しをはかり、なんとか軌道に乗せることができました。では、会社の株式の承継はどうしたのでしょうか。

Aさんは相続対策として、株式の一部を長男の資産管理会社に承継させていました。結果として、これが正解でした。長男が大株主として議決権を行使できたからです。

仮にAさんが１００％所有したままだと、どうなっていたでしょうか？　判断能力がなくなった場合、Ａさんは議決権の行使ができません。その場合、「成年後見制度」を利用することになります。

法定後見制度では、家庭裁判所が後見人を選任します。

通常、後見人は弁護士等が選任されます。弁護士がＡさんの代わりに議決権を行使することには法的な問題はありませんが、弁護士が会社内部のすべてを把握しているわけではないので、Ａさんの代わりに会社にとって適切な判断ができるかどうかはわかりません。

それならＡさんが倒れた時に、長男に株式を贈与すればいいのではないか、と考える方もいるでしょう。ところがＡさんにはすでに意思判断能力がないため、贈与は成立しないのです。そのため長男が事業を承継するには多くの困難が立ちはだかることになります。

60歳で事業と財産を承継することは、確かに時期尚早といえるかもしれません。しかし、社長の〝まさか〟は、会社の〝まさか〟に直結します。60歳で一度考え、65歳、70歳と節目ごとに見直し、修正変更をしていくことが鉄則です。

▼相続税対策は会社にとっても大きな課題

「相続税対策なんてすべきではない。相続税はここまで儲かって築いてきた財産の一部なのだから、個人で払えばいいではないか」と言う経営者がいます。その通り、これは正論です。納税は国民の義務です。

ここで、相続税は個人が支払っているのか、それとも会社が支払っているのかを考えてみましょう。

自社の株式の相続税評価額が10億円とすると、他の財産も合わせれば、最大で55％が課税されます。

相続税を支払うのはもちろん相続人です。相続人は被相続人が残した預金と相続人の預金から支払うことになります。被相続人の預金は、もともとは会社からの役員報酬や退職金の残りです。

被相続人が残した預金と相続人の預金で相続税を支払えない場合は、相続した株式を会社に譲渡する＝金庫株等で資金をつくって相続税を支払います。ということは、相続税は個人で支払っているわけでなく、会社のお金で支払っていることになります。

相続税は個人の問題である一方で、会社にとって非常に重要な問題でもあるのです。

会社は、営業努力や業務改善を絶え間なく行っています。売上げを上げ、コストを減らして生産性向上を目指します。人材の確保も重要です。それら多くの経営課題と同じように、相続税も大きな課題なのです。

相続税負担が適正であれば、会社は別の分野に投資をすることが可能となります。事前に相続税負担が把握できていれば、そのコストを見たうえでの事業計画を策定することもできるでしょう。

相続税対策と言うと、相続税の節税対策と間違って解釈される方が多いと思います。相続税対策をするということと、相続税の節税対策をするということはまったく異なります。

納税は国民の義務ですから、節税対策は相続税の法の精神に則ってその範囲で行うべきであり、過度な節税や法の抜け道をついた節税には賛成ではありません。

しかし相続税対策は、万が一の時の相続税を、相続人個人や会社に無理な負担をかけずに納税するための対策です。

財産を網羅的に把握し、後継者や会社の成長戦略を策定し、相続税額を計算し、相続税の納税資金を確保し、その納税が会社の成長戦略や事業承継の邪魔にならないように、また一族の繁栄に寄与するように対策を講じていくことが相続税対策なのです。

▼60歳になったら財産の棚卸を

中には、「財産はどのくらいあって、子供にどう分けようかなどとは考えたくない。そんなことを考えていることなど、人に知られたくない」と考えている経営者もいらっしゃるかもしれません。

未来に夢をもって事業を拡大させることを常に考えている経営者にとっては、自分の個人財産についてあれこれ考えることは、私利私欲にとらわれているようで性に合わないのかもしれません。

しかし考えなければ、大きなマイナスを被りかねないのです。

たとえば、飛行機の航空券です。

フライト当日に窓口でチケットを買おうとすると、定価で買うしかないので、びっくりするような金額を払わなければなりません。ところが、1カ月前に予約すると、チケットが半額になります。さらに、航空券付き宿泊プランのパックツアーで購入すると、宿泊費分でチケットがついてくる場合もあります。どれも同じ航空券です。チケットの取り方で同じ便の同じ座席でも支払う金額が違うのに、情報がない人、手間を惜しむ人は割引サービスを利用することができません。

相続税も同じです。同じ財産をもっている人がみんな、同じ額の相続税を支払うわけではありません。情報をもつ人や手間をかける人とそうではない人では、大きな差が生まれてしまうのです。

誰もが知っている有名な上場企業の創業家一族の経営者には、財産運用や税務のスペシャリストがついています。そうした経営者は、格好がよいとか悪いとか考えずに、きちんと準備して会社と家族を守っているのです。

自分の財産について考えることは、経営者の使命です。80歳になってから財産のことを考えるのか、60歳から財産のことを考え、マネジメントするのか、そこで大きな違いが生まれます。あなたが現役である今が、その時です。

大切なのは、まず、60歳になったら財産の棚卸をすることです。財産承継の方法を網羅的に考え、最適な承継方法を選択するのにまず必要なのが、財産の全体像、財産目録（財産の棚卸表）だからです。

ただ、いざ財産の棚卸しをしようとした時、どんな財産があったのか、細かいことまで思い出せないことがあります。その場合は、次の順序で思い出しましょう。

①身の回りのことから探す
②配偶者の財産を思い出す
③交流関係から思い出す
④趣味の関係から探す
⑤公表したくないもので何かなかったかを思い出す
⑥大切に思っているが、換金性がゼロのものを思い出す

財産を整理しやすいように、相続税申告の時のチェックシート（国税庁のもの）を162〜164ページに掲載していますので参考にしてください。

（第1面）

相続税の申告のためのチェックシート
（平成30年4月以降相続開始用）

このチェックシートは、相続税の申告書が正しく作成されるよう、一般に誤りやすい事項についてのチェックポイントをまとめたものです。

申告書作成に際して、確認の上、申告書に添付して提出くださるようお願いいたします。

区分	種類	確認事項	確認資料	確認（✓）	該当の有無（✓）		確認書類の添付（✓）
相続財産の分割等		① 遺言書がありますか。	家庭裁判所の検認を受けた遺言書又は公正証書による遺言書	□	有 □	無 □	□
		② 遺産分割協議書がありますか。	遺産分割協議書	□	有 □	無 □	□
		③ 死因贈与により財産を取得した者はいませんか。	遺言書や贈与契約証書	□	有 □	無 □	□
		④ 相続人に未成年者はいませんか。	特別代理人選任の審判の証明書	□	有 □	無 □	□
		⑤ 法定相続人に誤りはありませんか。	戸籍の謄本等	□	／	／	□
取得財産	土地（土地の上に存する権利を含みます。）家屋（構築物）	① 未登記物件、共有物件、先代名義の物件等はありませんか。	所有不動産を証明するもの（固定資産税評価証明書、登記事項証明書等）	□	有 □	無 □	□
		② 被相続人の住所地以外の市区町村（例えば、相続人の住所地や被相続人の本籍地等）に所在する不動産はありませんか。		□	有 □	無 □	□
		③ 他人の土地の上に建物を所有していたり、他人の土地を小作している場合、借地権や耕作権はありませんか。	土地の賃貸借契約書等	□	有 □	無 □	□
	事業（農業）用財産	事業用財産又は農業用財産はありませんか。	資産・負債の残高表（青色決算書又は収支内訳書）	□	有 □	無 □	□
	有価証券	① 株式、出資、公社債、貸付信託、証券投資信託の受益証券等はありませんか。	証券、通帳又は預り証等	□	有 □	無 □	□
		② 名義は異なるが、被相続人に帰属するものはありませんか。（無記名の有価証券も含む。）	証券、通帳又は預り証等	□	有 □	無 □	□
		③ 増資等による株式の増加分や端株はありませんか。	配当金支払通知書等	□	有 □	無 □	□
		④ 株式の割当てを受ける権利や配当期待権等はありませんか。	配当金支払通知書等	□	有 □	無 □	□
	現金預貯金	① 相続開始日現在の残高で計上していますか。	預貯金等の残高証明書、預貯金通帳（証書）	□	／	／	□
		② 名義は異なるが、被相続人に帰属するものはありませんか。（無記名の預貯金も含む。）		□	有 □	無 □	
		③ 定期性預貯金の既経過利子は解約するとした場合の利率とし、源泉所得税相当額を控除して計算しましたか。	既経過利子の計算明細書	□	／	／	□
		④ 相続開始直前に、被相続人の預金口座等から出金された現金について、その状況を確認しましたか。	預貯金通帳等	□	有 □	無 □	□
		⑤ 預貯金や現金等の増減について、相続開始前5年間程度の期間における入出金を確認しましたか。	預貯金通帳等	□	有 □	無 □	□
	家庭用財産	家庭用財産はありませんか。	家庭用財産の一覧表	□	有 □	無 □	□
	その他の財産	① 生命保険金、死亡退職金はありませんか。	保険証券、支払保険金計算書、退職金の支払調書、取締役会議事録等	□	有 □	無 □	□
		【ある場合】相続放棄した者が受け取った生命保険金や死亡退職金から、非課税額（500万円×法定相続人数）を控除していませんか。	相続税申告書第9表、第10表	□	／	／	□

被相続人氏名

相続人代表
住　所

氏　名

電話　（　　）

関与税理士				
	所在地			
	氏名		電話	

H30.7

（第2面）

区分	種　類	確　認　事　項	確　認　資　料	確認（✓）	該当の有無（✓）		確認書類の添付（✓）
取得財産	その他の財産	②　生命保険契約、損害保険契約に関する権利はありませんか。	保険証券、支払保険料計算書、所得税及び復興所得税の確定申告書（控）等	□	有 □	無 □	□
		③　契約者名が家族名義等で、被相続人が保険料を負担していた生命保険契約はありませんか。		□	有 □	無 □	□
		④　未支給の国民年金の請求権を相続財産に計上していませんか（未支給国民年金の請求権は相続財産ではありません。）。	未支給年金請求書等	□	有 □	無 □	□
		⑤　親族や同族法人に対する貸付金等はありませんか。	金銭消費貸借契約書等	□	有 □	無 □	□
		⑥　庭園設備、自動車、バイク及び船舶等はありませんか。	現物の確認（最近取得している場合は、取得価額の分かる書類）	□	有 □	無 □	□
		⑦　書画、骨董、貴金属等はありませんか。	評価明細書（最近取得している場合は、取得価額の分かる書類）	□	有 □	無 □	□
		⑧　国外にある預貯金や不動産等はありませんか。	預貯金通帳、不動産売買契約書等	□	有 □	無 □	□
		⑨　未収給与、未収地代、家賃等はありませんか。	賃貸借契約書、領収書等	□	有 □	無 □	□
		⑩　修繕等について、資本的支出に当たるものはありませんか。	修繕等工事の明細、領収書等	□	有 □	無 □	□
		⑪　被相続人から贈与を受けた財産のうち、結婚・子育て資金に係る贈与税の非課税制度を適用した預金残高等はありませんか。	預金通帳等	□	有 □	無 □	□
		【ある場合】贈与を受けた者が孫や曾孫等の場合、税額の2割加算をしていませんか。	戸籍謄本等	□	有 □	無 □	□
債務等	債　務	①　借入金、未払金、未納となっていた固定資産税、所得税等はありませんか。	請求書、金銭消費貸借契約書、納付書、納税通知書等	□	有 □	無 □	□
		②　被相続人の住宅ローンのうち、団体信用生命保険に加入していたことにより返済する必要がなくなった金額を債務として控除していませんか。	住宅ローンの設定契約書等	□	有 □	無 □	□
		③　相続放棄した相続人が引き継いだ債務を債務控除していませんか。	相続税申告書第1表、第13表、相続放棄申述受理証明書	□	有 □	無 □	□
	葬式費用	法要や香典返しに要した費用が含まれていませんか。また、墓石や仏壇の購入費用が含まれていませんか。	領収書等	□	有 □	無 □	□
生前贈与財産の相続財産への加算		【相続時精算課税】 ①　被相続人から、相続時精算課税の適用を受けて受贈した財産はありませんか。	贈与契約書、贈与税申告書 ※　相続税の課税価格に加算すべき他の共同相続人等に係る贈与税の課税価格の合計額が不明である場合は、相続税法第49条に基づく開示請求を行うことを検討してください。	□	有 □	無 □	□
		【暦　年　課　税】 ②　相続開始前3年以内に贈与を受けた財産は加算していますか（贈与税の基礎控除額以下の価額の受贈財産を含みます。）。		□	有 □	無 □	□
		③　相続により財産を取得しなかった者が相続開始前3年以内に受けた贈与財産を加算していませんか。	相続税申告書第1表	□	有 □	無 □	□
		④　被相続人から受贈し、贈与税の配偶者控除を受けた財産を、相続開始前3年以内に贈与を受けた財産として加算していませんか。	贈与税申告書、相続税申告書第14表	□	有 □	無 □	□
財産の評価	不動産	①　現況の地目で評価していますか。また、評価単位に誤りはありませんか。	土地及び土地の上に存する権利の評価明細書	□			□
		②　同族法人等に対して貸し付けている土地等のうち、無償返還の届出書を提出しているものについて、誤って借地権相当額を控除していませんか。	土地の無償返還に関する届出書	□	有 □	無 □	□
		③　貸家（独立家屋）の中に、空き家となっているものはありませんか（相続開始時に現実に貸し付けられていない家屋の敷地は、自用地としての価額で評価します。）。	不動産賃貸借契約書等	□	有 □	無 □	□
		④　親族等に対して、使用貸借により貸し付けている土地等は自用地評価していますか。	不動産賃貸借契約書等	□	有 □	無 □	□
		⑤　土地に縄延びはありませんか。	実測図又は森林簿の写し	□	有 □	無 □	□
		⑥　市街地周辺農地は20％評価減をしましたか。	市街地農地等の評価明細書	□	有 □	無 □	□

（第3面）

区分	種類	確認事項	確認資料	確認（✓）	該当の有無（✓）		確認書類の添付（✓）
財産の評価	非上場株式	【共通】 ① 同族株主の判定に当たっては、相続開始後の議決権の数を基に判定していますか。	株主原簿、遺産分割協議書等	□			□
		【類似業種比準方式】 ② 1株当たり利益金額の計算に当たって、繰越欠損金は加算しましたか。	取引相場のない株式（出資）の評価明細書、法人税申告書等	□	有 □	無 □	□
		③ 比準要素数0の会社であるにもかかわらず、類似業種比準方式により評価していませんか。		□			□
		④ 類似業種の株価の「課税時期の属する月」は、相続開始の時期と一致していますか。		□			□
		【純資産価額方式】 ⑤ 土地や株式等の評価替えをしましたか。	取引相場のない株式（出資）の評価明細書、法人の貸借対照表等	□			□
		⑥ 課税時期前3年以内に取得した土地等又は家屋等は、通常の取引価額で計上していますか。		□	有 □	無 □	□
		⑦ 資産の部に土地の計上がなく、かつ、建物がある場合、借地権の有無の検討をしましたか。	取引相場のない株式（出資）の評価明細書、土地の賃貸借契約書、法人の貸借対照表等	□	有 □	無 □	□
		⑧ 資産の部に財産性のない前払金や繰延資産は計上されていませんか。		□	有 □	無 □	□
		⑨ 負債の部に引当金は計上されていませんか（平成14年改正法人税法附則に規定する退職給与引当金を除く。）。	取引相場のない株式（出資）の評価明細書	□	有 □	無 □	□
		⑩ 法人が受け取る生命保険金を資産に計上しましたか。また、法人から支払われる退職金を負債に計上しましたか。	取引相場のない株式（出資）の評価明細書、法人の総勘定元帳等	□	有 □	無 □	□
		⑪ 資産の部に計上すべき取引相場のない株式等の評価をする際に、法人税等相当額を控除していませんか。	取引相場のない株式（出資）の評価明細書	□	有 □	無 □	□
	立木	相続人及び包括受遺者は、立木について、15%評価減をしましたか。	山林・森林の立木の評価明細書	□	有 □	無 □	□
特例	配偶者の税額軽減	遺産の分割が確定していますか（特例の適用を受けるには、遺産の分割が完了していることが必要です。）。	遺言書、遺産分割協議書	□	有 □	無 □	
	小規模宅地	① 第4面のフローチャートで判定を行った結果、特例の適用要件を備えていましたか。	（第4面）	□	有 □	無 □	
		② 貸付事業用宅地等の有無の別に応じて、限度面積の計算は適正に行っていますか。	申告書第11・11の2表の付表の1	□	有 □	無 □	
税額計算等	税額計算	① 実子がいるにもかかわらず、養子を2人以上、法定相続人の数に加算していませんか（実子がいる場合、加算できる養子は1人です。）。	被相続人及び相続人の戸籍の謄本等、相続税申告書第2表	□	有 □	無 □	□
		② 相続放棄した者についても、基礎控除額及び相続税の総額の計算上、法定相続人の数に加算しましたか。	相続税申告書第2表	□	有 □	無 □	□
		③ 嫡出でない子の相続分を誤って嫡出である子の相続分の2分の1としていませんか。	被相続人及び相続人の戸籍の謄本等、相続税申告書第2表	□	有 □	無 □	□
	税額加算	相続又は遺贈により財産を取得した者が孫養子（代襲相続人を除く。）や兄弟姉妹、受遺者等の場合は、税額の2割加算をしていますか。	戸籍の謄本等、遺言書、贈与契約書	□	有 □	無 □	□
	税額控除	① 未成年者控除及び障害者控除のうち、控除しきれない金額（控除不足額）がある場合、扶養義務者から控除しましたか。	相続税申告書第6表	□	有 □	無 □	□
		② 相続人以外の者が相次相続控除を受けていませんか。	戸籍の謄本等	□	有 □	無 □	□
その他		① 生前に土地の譲渡等がある場合、その売却代金等が相続財産に反映されていますか。	不動産の売買契約書	□	有 □	無 □	□
		② 短い間隔で相続が2回以上発生している場合、前回以前の相続の時に受け取った財産は、今回の相続財産に反映されていますか。	前回相続の際の遺産分割協議書等	□	有 □	無 □	□
		③ 多額の債務がある場合、その借入れによって取得等した財産は、相続財産に反映されていますか。	金銭消費貸借契約書等	□	有 □	無 □	□
		④ 各種特例の適用を受ける場合、**別紙「提出書類一覧表」**の提出書類を添付していますか。	提出書類一覧表	□	有 □	無 □	

▼財産シートを作成する

では、個人の財産シートをつくってみましょう。
以下の手順で進めていきます。

1　財産の棚卸をする
2　取得価額を記載する
3　相続税評価額を記載する
4　換金価値を記載する
5　承継者を仮決めする
6　相続税を計算する
7　相続税納税不足が出ないか確認する

それぞれ説明していきます。

1　財産の棚卸をする

第1にすべきことは、現預金の金額の計算です。
計算の手順は次の通りです。

①どこの金融機関の通帳を持っているのかを確認する
②通帳が把握できたら、記帳されている残額を記載する
③自分のお金を奥様やお子様名義の通帳に入れている場合は、その金額を記載する
④今後、退職金をもらう予定の場合は、想定退職金を記載する
⑤父・母が健在の場合は、相続するだろうお金も記載する
⑥借入・ローンを把握する

借入金はわかりやすい財産です。個人の借入金はないという経営者がほとんどだと思いますが、ある場合には把握しておくことが大切です。

また、会社の借入金について個人が債務保証をしている場合があります。どのくらい債務保証しているのか把握していない人も多いので、会社の経理担当者に確認して

債務保証と担保提供の一覧表をつくってください。


第2に、株式の計算をします。

計算の手順は次の通りです。

①まず自社株式の取得価額、当初出資額≒資本金を記載する
②休眠会社があれば、そちらも記載しておく
③証券会社に預けている資産を銘柄ごとではなく、証券口座別に総額を記載する（これは証券会社からくる通知書を見ればわかる）

第3に、所有不動産を記載します。

ご自宅、別荘、投資マンション、法人の本社や工場にある個人名義のもの、子供や孫が不動産を取得した際にお金を出している場合は、その旨も記載しましょう。

不動産には固定資産税が課税されています。市区町村から毎年4月～6月の間に通知が届きます。その通知書の明細から不動産を把握します。なければ、市区町村の窓

口に行きましょう。300円程度で取得が可能です。

固定資産税の免税額以下の場合、固定資産税は課税されていません。その場合は漏れてしまいますので注意が必要です。

第4に、債権債務の状態を確認して記載します。

会社にお金を貸している、またはお金を借りているものがあるか。これは法人の勘定科目明細の記載から探すことができます。友人や家族、自分の不動産管理会社への貸付金も記入しましょう。

第5は生命保険です。

以前、加入した保険も含めて記載します。定期保険の場合は期限が切れてしまうと保険金はおりません。入院保険についてもこの際、整理するとよいでしょう。

お子様名義の生命保険であっても、お金を支払った人の財産となるので、証券をすでにお子様に渡している場合も記載しておく必要があります。税務調査では、お子様名義の保険でも、被相続人が過去に支払ったものであれば、相続時の解約返戻金をもって相続財産として指摘されます。すでにマイナンバー等で紐付けがされています。隠すつもりでなくても、税務署は隠しているものとみなすので、事前に知っておく必要があります。生命保険証書で確認してください。証書がなければ保険会社に問い合わせ、証書を再発行してもらいましょう。

第6は、趣味などで所有している財産です。たとえば車や自転車、絵画、ゴルフ会員権、時計などです。ゴルフ会員権等は、会員権の価値はほぼないかもしれませんが、預託金があるかもしれません。その他、リゾートホテル会員権なども確認しましょう。

第7は、相続財産です。田舎の土地など、親から相続したものを記載します。親の相続税申告書や遺産分割協議書などで確認してください。

第8は、家族に知られたくない財産です。

たとえば、友人への貸付金や仕事の関係で頼まれて断りきれずに出資した出資金などです。

税務調査では、愛人に支払ったお金の指摘も受けることがあります。

通常、愛人に支払ったものは相続財産ではありません。怖いことに税務署は、被相続人の通帳の流れだけでなく、お金をもらった愛人の通帳の流れも職権で確認することができます。あなたがお金を引き出して渡して、翌日以降に愛人が自分の口座に入れて貯金をしていれば、税務署には完全にばれてしまいます。

通常、管理処分ができるかどうかで判断するので、贈与して使ってしまったものは相続財産ではありません。ただし、愛人が財産を積み立てていたら話は別です。

以前、こんな事例がありました。

愛人は堅実な人で、渡された１０００万円のうち３００万円が手つかずの状態でした。そのため、税務署は３００万円を名義預金として相続財産への計上を要請してきました。

金額としてはたいしたことありませんでしたが、税務調査によって愛人にお金を渡していたことが家族にばれてしまったことで大問題になってしまいました。相続税の問題どころではなくなったことは言うまでもありません。

また、祖父が自分の妻や長男、長女には内緒で、長男の嫁に毎年１００万円程度のお金を渡しているという事例も実はよくあります。長男の嫁は渡されたお金を使わずに貯金をしているケースが多いのですが、相続時に発覚すると、親族間でのもめ事のもとになります。

長男の嫁がそのお金を生活費として使っていればよかったわけですが、律儀に貯めていると、税務署はお金を贈与しているのではなく、他人名義の口座にただ移しただけと判断します。

このような事前に家族に知られては困るような財産は、専門家に相談することで解決できる場合が多くあります。この機会に整理して記載しておくとよいでしょう。

このように棚卸をしてみると、ご自身の財産が意外と多方面にわたって分散しており、「自分にまさかのことがあった場合、家族は把握できないだろうな」とお感じになることでしょう。また、引き継がせる方法、配分に関しても十分に考えておかなければならないと気づかれることと思います。

2　取得価額を記載する

前記の第1から第8までの財産で、取得価額がわかるものは取得価額を記載します。

3　相続税評価額を記載する

次に相続税評価額を記載します。財産を売るわけでも贈与するわけでもありません。まさかの場合の相続税を知るのが目的です。

取得価額と相続税評価額はおおむね一致します。ただし、株式と不動産は別途評価方法があり、取得価額と相続税評価額は大きく異なる場合があります。

株式の評価は法人の純資産価額でいいと思っている方もいますが、それは違います。別途、細かな評価方法があり、個人では算出できませんので税理士への相談をお勧めします。

土地については路線価を基準に評価することになります。まずは概算でかまわないので、会社を熟知する顧問税理士に依頼するのがよいでしょう。

4　換金価値を記載する

財産の換金価値を知ることは大切です。相続税の支払いをするためには処分が必要だからです。

経営者にとって一番大きな財産は自社株でしょう。自社株の換金価値は税理士では計算できません。株式の換金価値については日本M&Aセンター等の専門家に相談する必要があります。換金する予定がないことを明確にして依頼しましょう。

また経営者は文化的な趣味人も多いので、絵画、骨董品、高級時計等の現在価値はご本人が一番よくご存知です。それらを一覧表にまとめましょう。

5　承継者を仮決めする

未定の場合は法定相続人と記載しましょう。ただし法定相続人のまま自然に任せて何もしないと、意に反する結果になってしまう可能性があります。財産のシートの中では、「承継者の仮決め」も重要なのです。

誰に、どれだけ承継するか、その遺産分割の際に、親族間でもめることがよくあるからです。

もめる理由は主に次の3つです。

①株式の評価額が高く、財産のほとんどを占めている
②お金が必要な年齢・状況（経済格差）
③単純に仲が悪い

法定相続分は民法で決められています。

たとえば、子供が2人いる場合、配偶者は2分の1、子供2人は残りの2分の1を分けるので、それぞれ4分の1ずつになります。配偶者は必ず法定相続人になります。

6　相続税を計算する

相続税のおおまかな見積もりは、第5章を参考にしてください。詳しく知りたければ、税理士などの専門家に相談したほうがいいでしょう。

7　相続税納税不足が出ないか確認する

195ページに相続税速算表があるので、その表で算出した数値をまず合計に記載します。

相続税は合計を相続する財産に応じて按分します。
たとえば相続税が1億円となる場合、長男と長女が半分ずつ相続すると、相続税も半分の0・5億円ずつになります。細かい計算は税理士に任せ、今回は概算額を記載しましょう。

記載してみると気づくことがあります。

お金を相続した時は相続税を支払うことができますが、換金性のない山林を承継した場合は売却することができないのに相続税評価額は平等に計算され、コストだけを負担することになることです。

自社株式の場合、株式の価値は経営権と財産権です。

長男が後継者であれば、役員報酬や配当で会社から収入を得られるので相続税は見合うコストとなりますが、後継者でない場合は会社からの大きな収入は期待できないので、コストだけが発生して大きな負担となってしまいます。

	換金価値	承継候補	相続税負担	メモ
	1.0億	法定相続分		
	2.0億	法定相続分		
	専門家	長男		
	1.0億	法定相続分		
	専門家	長男		
	専門家	長女		
	専門家	長女		
	専門家	長男		
	0.6億	契約どおり		
	専門家	売ったお金を 法定相続分		
	専門家	長男		
	なし	戻ってこない		

財産シートの記入例

	財産	取得価額	推定相続税評価	
1	預金①A銀行	1.0億	1.0億	
2	預金②B銀行	2.0億	2.0億	
3	自社株	0.3億	税理士	
4	株式C証券	1.0億	1.0億	
5	自宅	税理士	税理士	
6	別荘	税理士	税理士	
7	娘の自宅の一部	0.5億	税理士	
8	山林	?	税理士	
9	生命保険	0.6億	0.6億	
10	車　レクサス	0.1億	0.1億	
11	田舎の土地 相続したもの	?	税理士	
12	友人への貸付金 家族は知らない	1.0億	1.0億	
合計				

	換金価値	承継候補	相続税負担	メモ

財産シート（記入用）

	財産	取得価額	推定相続税評価	
1				
2				
3				
4				
5				
6				
7				
8				
9				
10				
11				
12				
合計				

▼特に大切な金融機関の残高把握

財産シートは以上のような手順でつくりますが、特に大切なのが、自分自身の預金金額の把握です。もしそれをはっきりさせずに相続となったら、相続人の手間が大変だからです。

相続が開始すると相続人である奥様やお子様があなたの財産を把握する必要があります。仮にA銀行、B銀行、C信用金庫にお金の残額があった場合、自分以外の人が銀行を把握することはとてもむずかしいものです。

相続が開始したら銀行のほうから残高を通知する書類を送ってきてもいいのではないかとも思いますが、銀行としても相続が起きたかどうか把握することはできませんので、親切な対応はありません。また、税理士もどの金融機関にどれだけの残高があるのかを知ることはできません。

では、相続人はどうやって残高を確認するのでしょうか？　仮に相続が起きた場合、以下の手続きが必要となります。

1日目：あなたの金庫の中から通帳を探します。銀行からの通知書も探します。見つかったら銀行に行き、相続開始日の残高証明書を取得することになります。

2日目：銀行に残高証明書を取りに行きます。その時、銀行に相続人であることを証明しなければいけないので、戸籍謄本等を取得しておかないといけません。窓口に行き、説明します。もちろん銀行ですので平日です。うまくいけば当日取得できますが、支店によっては別日になることもあります。仮に金融機関を5カ所に分散していれば、手続きは5倍です。現在、東京に住んでいて地元の大阪に口座をもっている場合は大変です。わざわざ大阪に行くか、郵送等で手続きを行うこととなります。たいていの場合、2日目は金融機関の手続きで終わってしまいます。

3日目：探しても通帳が見当たらない場合は、探すすべもありません。相続人の最終手段としては、被相続人の残高があるだろうと推測される銀行に戸籍謄本等書類を持って行き、残高証明書を取得するしかありません。

通帳が見つからない場合は相続税申告書にも記載できません。では税務署はどうやって見つけるのでしょうか？

税務署は金融機関への職権で残高証明書を依頼し、調査しています。ですので、漏れがあれば簡単に見つかってしまいます。漏れが見つかった場合は、相続税申告後の忘れた頃に税務調査を受けることになります。

「税務調査で見つかっても税金を払えばいいじゃないか」とお考えの方もいますが、税務署が自宅に来るのは大きなストレスです。さらに、漏れ部分以外に指摘される可能性もあります。金融機関の残高はしっかり財産シートに書き出し、自分で把握することが大切なのです。

▼自社株をどう評価し、どう引き継ぐか

経営者の場合、財産のうちで最も大きなものは自社株になると思います。ご自身の会社の自社株がいくらになるのかは、2つの観点からの計算が必要です。

1つは、自分が亡くなって息子などに会社を相続する場合、その相続税を算出する「相続税評価額」。

もう1つは、「会社の時価」です。

経営者個人の貸借対照表

財産資産	負債
現金など　2億円 自社株　10億円 土地・自宅　1億円	未払相続税　4億円 純資産　9億円

Ｍ＆Ａで第三者に会社を売却する場合や、ＭＢＯを実施して幹部社員などに自社株を売却する場合の会社の値段です。この２つを考え、正しい知識を得ておく必要があります。

会計事務所や金融機関等に正確に計算してもらい、社長ご自身の「貸借対照表」（バランスシート：Ｂ／Ｓ）をつくっておくといいでしょう。

たとえば資産は現金や金融商品が２億円、自社株が10億円、土地や自宅が１億円で資産総額が13億円あるとします。この13億円に対して、未払相続税が４億円あって、純資産が９億円というような貸借対照表をつくると上の図のようになります。

ここで注意しなければいけないのは、前にも述べましたが、相続税評価額と時価は違うということです。相続税評価額は、みなさんが考えているよりはるかに高く算出されると思いますが、M&Aでの売却金額となる自社株の時価はさらに高く算出されます。

自社株の価額がわかったら、社長ご自身が亡くなった後、自社株をどのように残していくか、を考えます。

たとえば、子供が3人いるとします。

長男、長女、次男の中で長男が会社に入っていて、これから会社を継ぐという場合は、自社株は100%長男に渡すケースが大半です。もちろん、他の兄弟に分散してもいいのですが、そうすると後々、問題が起きる可能性があることを知っておくべきです。順調にいけば、20年後、25年後、また事業承継のタイミングがやってくるでしょう。その時、株式を分散させたままだと、会社が発展した場合でも業績が悪化した場合でも、連帯保証や配当の問題等で経営がしにくい局面がいずれ出てきます。

次に長女と次男への相続について考えます。この場合、その他の資産、金融商品や不動産を引き継ぐことになりますが、会社の規模が大きくなればなるほど兄弟にとっては不公平な相続の配分になる可能性があり、兄弟間での不満が出てくるでしょう。これを避けるためにも、家族間でしっかりと話し合っておくことが重要なのです。

▼家族間の話し合いと遺言書の作成

財産のシートであなたの財産の概要がわかったら、あなたが亡くなった後の財産分与の方向性を「遺言書」で明確にしておく必要があります。簡単に言うと遺言書とは、あなたの死後に「こういうふうに家族で財産を分け合ってほしい」ということを書くもので、むずかしいものではありません。

なぜ遺言書にしておく必要があるのか。それは、次のような理由からです。

①決めないと親族間で不必要なもめごとが起こる
②自社株は高額になることがあるので、明確にしておかないと後々大変なことになる
③相続の配分がなぜそうなるのか、家族に直接説明することが必要である

遺言書には、主に「自筆証書遺言」と「公正証書遺言」の2つがあります。

自筆証書遺言は自分で作成するので費用がかからず、証人も必要ないというメリットがありますが、法的に不備があった場合は無効となってしまうので、ただ自分の気

持ちや考えを書けばよいというものではないことに注意が必要です。そのため、法的なルールに則って間違いのないように作成しなければいけません。

一方、公正証書遺言は公証役場で公証人に作成してもらうので、最も確実な遺言としての効力を発揮するというメリットがあります。作成のためには手間と費用がかかりますが、弁護士や司法書士などの専門家に依頼して叩き台を作成してもらえば、労力もかからず安心できます。

遺言書を作成する段取りは次のようになります。

①財産目録をつくる
②財産の分割方法を考える
③財産を引き継がせる方針を考える
④それらを書いてまとめる

私自身は65歳を機に、遺言書を作成しました。正直なところ、作成する前は面倒くささが先に立ちましたが、事業承継ナビゲーターでのコンサルテーションで、まず財産をすべて洗い出したことで自分の財産の全貌が明確になり、同時に、財産を家族に引き継ぐために必要な相続税額を知り、その多額なことに愕然としました。そこで、財産をどのように分割して家族に引き継がせるのがよいのか、相続税をスムーズに支払うためには何が必要かを考えるようになったのです。

また、主要な財産だけではなく、自分が大切にしてきたもの、たとえば私の場合は趣味で収集してきた貴重なレコードやオーディオ機器をどのようにしてほしいかということについても、方針をつくることができました。

弁護士と妻と私とで食事をともにして、私に万が一のことがあった場合の方針を共有化しました。その作成過程を家族に説明し、公正証書遺言と自筆証書遺言にまとめ上げて、弁護士に預けました。

これらは毎年1回書き直し、更新することにしました。なぜなら、65歳から75歳の間は、会社や後継者の状況、自分の健康状態などの変化が大きいからです。

私自身、遺言書をつくったことで先行きのもやもやした不安感が消え、気持ちがずいぶんすっきりしましたが、妻や子供もすっきりしたのではないでしょうか。きっとあなたの家族も財産に対してモヤモヤとした期待や不安を抱いていると思います。

「今、財産はどれくらいあるのだろう?」

「会社の後継者はどうするつもりなのか?」

「自分を後継者として期待しているのだろうか?」

「今が教育等で一番お金が必要。もし相続財産があるなら生前贈与で今もらえないだろうか?」

「相続税は何に対していくら支払わねばならないのか?」

「父は財産分与に関してどう考えているのか?」

「どれくらいの遺産相続が期待できるのか?」

家族のこうした不安や期待に対して、あなたの考え方を明確に示すのが遺言書です。あなたもぜひ、遺言書を作成してみることをお勧めします。

賢く財産を引き継ぐための14のQ＆A

第5章

賢く財産を遺すために経営者が知っておかなければならない
14 のポイントについて、Q＆A 形式で解説をしていきます。
60歳になった経営者であれば当然、知っておくべき内容です。
この機会に相続の疑問や不安を解決し、
今後の財産承継の際に役立てていただきたいと思います。
ここでは、私自身も悩んだことについて、
皆さんに代わって私が質問し、
事業承継ナビゲーターのコンサルタントに回答してもらいます。

Q1 相続税評価額の見当をつけるには？

相続税評価額は税理士しか計算できないのでしょうか？相続税の概算を事前に計算したいので、もっと気軽に見積もりたいです。

A ナビゲーター

税理士に依頼すると費用もかかるし、資料を集めなければできないので面倒です。できれば自分である程度把握し、必要があれば税理士に相談するとよいでしょう。税理士に丸投げでは、「自分の相続財産配分の考え」と税理士の考える「税務上のベストシナリオ」との調整に関するディスカッションができないからです。自分の財産や相続税の計算の大まかなロジックを自分で把握しておく必要があります。

「概算把握」という意味で、まず考え方をマスターしてください。

まず、現預金については残高そのままで問題ありませんが、付き合いで開設した定期預金や他人名義でつくった口座がないかなどに注意してください。特にお孫さん名義や、長男の嫁名義の預金や保険がないか確認してください。

上場株式は、実際は終値ではなく、相続日の属する月や前月、前々月の平均株価を使います。概算把握の場合は、直近の終値を使うとよいと思います。

不動産のうち土地については原則、国税庁が発表した路線価を用いて評価します。

なお、非上場株式については細かい計算式があるので注意が必要です。


【解説】


「時価」といわれても困るかもしれませんが、相続税申告書に記載する金額は相続時点の時価と相続税法に決められています。また、すべてを換金するわけにもいきませんが、おおむね「換金価値＝相続税評価額」の認識で問題ありません。

現預金は相続開始時点の預金残高を記載します。上場株式は、その銘柄の相続開始日の終値と、当月、前月、前々月（相続が7月15日とすると5月、6月、7月）の月平均終値のうち一番低い株価を採用します。

ただし、換金価値と相続税評価額が大きく違うものが2つあります。

1　不動産(土地)

国税庁が定める路線価等の評価で計算します。そのため、1億円で購入したマンションの評価が時価では1・2億円になっているにもかかわらず、相続税評価額が5000万円となるケースもあります。反対に、売却することが困難な広大な山林が5000万円の評価額となるケースもあります。

2　非上場株式(自社の株式等)

非上場株式についても独自の評価です。

「額面価格＝相続税評価額」と考えている人もいますが、額面価格から儲けが出ていれば株価も上昇しています。また、「貸借対照表の純資産の部の合計額＝相続税評価額」と考えている人もいますが、これは半分正しく半分間違いです。

株式の評価は、「純資産価額方式」と「類似業種比準方式」とを使います。純資産価額方式とは、会社の保有する資産から負債を差し引いた計算方法です。ただし、決算書の数値（＝簿価）をそのまま使うのではなく、簿価を相続税評価額に置きなおす等の計算がありますので注意が必要です。類似業種比準方式とは、非上場株式を同業種の上場会社の株価・利益・配当・純資産と比較して計算する方法です。

この2つの資産は、想定する金額と大きく異なる場合があるので、事前に専門家である税理士等に計算を依頼してください。

Q2 遺族にかかる相続税の税率はどうなるのか

相続税の税率が10％〜55％と聞きました。財産が1億円ある場合、1000万円と考えていいのでしょうか？

A

ナビゲーター

相続税の税率は、財産（金額）によって違います。
また、世情に合わせて税制が改正されるため、変わっていくので、その都度確認が必要です。

【解説】

相続税は超過累進課税方式なので財産があればあるほど税率が高くなっていきます。
実際の相続税額は先ほど説明した「相続財産－基礎控除の金額（3000万円＋相続人の数×600万円）」をベースに、法定相続分で相続したものと仮定し、架空の金額をもとに計算します。
むずかしいのは、一度法定相続分で分割したものと仮定した数値に税率を乗じて計算することです。

相続財産が1億円、相続人が子供2人のみとすると、1億円以下の税率が30％だから単純に「1億円×税率30％」から700万円を控除するわけではありません。

①1億円から基礎控除4200万円（3000万円＋子供2人×600万円）を差し引きます。すると、5800万円になります。

②5800万円を法定相続分で仮定の分割をすると、子供1人分は2900万円です。この金額を速算表に当てはめて1人分を計算します。

③1人分は2900万円×15％—50万円＝385万円。子供2人分で770万円となります。

④実際にどのように分割するかを決めます。

仮に1人が100％すべての財産1億円を相続するなら、770万円全額を相続した1人が支払います。7：3の割合で分けるのであれば、770万円も7：3で分け、それぞれ支払います。

ちなみに子供が3人の場合は次のようになります。

①1億円から基礎控除4800万円（3000万円＋子供3人×600万円）を差し引くと5200万円になります。

相続税の速算表【平成27年1月1日以後の場合】

法定相続分に応ずる取得金額	税率	控除額
1,000万円以下	10%	―
3,000万円以下	15%	50万円
5,000万円以下	20%	200万円
1億円以下	30%	700万円
2億円以下	40%	1,700万円
3億円以下	45%	2,700万円
6億円以下	50%	4,200万円
6億円超	55%	7,200万円

（本書刊行時のもの）

②５２００万円を法定相続分（３人）で割ると１人当たり１７３３万円になります。

③１７３３万円×15％－50万円＝２１０万円。３人分で６３０万円。

２人の例の場合７７０万円でしたので１４０万円の減少となります。

④実際の分割割合に合わせて６３０万円を配分し、それぞれ支払います。

同じ財産を所有していても相続人の人数によって負担する相続税が変わります。お孫様の養子縁組を検討する方もいますが、孫全員を養子とした場合であっても、相続税計算において考慮するのは実子がいる場合、養子は１人までです。

Q3 タワーマンション節税に問題はないのか

不動産の営業マンからタワーマンション節税の提案がありましたが、果たして本当に節税になるのでしょうか？

A ナビゲーター

当社のクライアントもタワーマンションを購入しています。理由は相続対策に加え、孫の居住目的のために財産を残したいという考えです。

タワーマンションは、実際の購入金額と財産評価基本通達に則り評価した相続税評価額との間に大きな乖離があり、その差額がポイントとなります。

区分所有マンションは不動産ですので、土地と建物の評価を行います。土地は、仮に300世帯のマンション（同じ間取り）であれば全体の300分の1です。

タワーマンションの場合は、接する路線価が高くても、相続税評価に与える影響は大きくありません。また、マンションのデザインやブランド力やコンシェルジュサービスといった付加価値は評価されません。

たとえば1億円で1LDKの都心タワーマンションの一室を購入した後に相続が発

生し、通達通りの相続税評価額が5000万円だったとします。

現預金1億円が不動産5000万円に変わるので、（1億円－5000万円）×最高税率55％＝2750万円分の相続税が減少しています。相続税申告書を作成し納税し終わった後、1億円で購入したマンションを1億円で売却すれば、そのまま1億円が戻ってくるので、相続税2750万円の節税が完了します。

仮に、換金時に価値が2000万円下がり、8000万円で売却することになった場合でも、相続税で2750万円得しているので、トータルで見るとお得となる仕組みです。

【解説】

そんな〝うまい話〟があるのか、と思う人もいるかもしれませんが、財産評価基本通達通りの評価額で相続申告している事例もありますし、そのメリットを受けるために購入しているケースも多くあります。

しかし、注意が必要です。相続税法には、「通達に則った評価」で申告すべきとは書いてありません。相続税法22条には、「この章で特定の定めのあるものを除くほか、相続、遺贈又は贈与により取得した財産の価額は、当該財産の所得の時における時価により、当該財産の価額から控除すべき債務の金額は、その時の現況による。」と書いてあり、時価で申告することを想定しています。

このことから、国税庁が通達に定める路線価評価ではなく不動産鑑定による評価を時価と主張し、否認する事例が出ています。

うまい話には、国税庁も敏感です。今後、このような事例が急増すれば、国税庁も対策を講じてくることが考えられます。税制もしくは通達が改正されることを前提に、検討しておく必要があるでしょう。

Q4 公正証書遺言と自筆証書遺言、どちらを選ぶべきか

公正証書遺言と自筆証書遺言、どちらを選んだほうがいいのでしょうか？

A

ナビゲーター

公正証書遺言が望ましいですが、遺言書は使い分けることをお勧めします。

【解説】

一般的には公正証書遺言をお勧めしています。公正証書遺言とは、公証人の面前で作成する遺言のことです。

近年、遺産分割トラブルの増加に伴い遺言の重要性が見直されています。自筆証書遺言の場合、相続後、裁判所に行って相続人全員が検印するという作業が必要となります。しかし検印＝遺言の承認ではなく、検印はしたものの、遺言無効を主張されてしまう可能性もあります。

以前、実際に被相続人が書いた自筆証書遺言が残っていたのですが、相続人のうちの1人が「これは父の字ではない」という訴訟を起こしたことがありました。訴訟を起こした人は筆跡鑑定士を使って、父が書いていないことを証明しようとし

公正証書遺言書の費用

目的財産の価額	手数料の額
100万円まで	5000円
200万円まで	7000円
500万円まで	11000円
1000万円まで	17000円
3000万円まで	23000円
5000万円まで	29000円
1億円まで	43000円

◎1億円を超える部分については

1億円を超え 3億円まで	5000万円ごとに	1万3000円
3億円を超え10億円まで	5000万円ごとに	1万1000円
10億円を超える部分	5000万円ごとに	8000円

がそれぞれ加算されます。

◎全体の財産が1億円以下の時は

遺言加算として1万1000円が加算されます。

（日本公証人連合会のHP「Q&A」から転載）

ました。他の相続人は本人の自筆であることを証明しなければなりませんが、本人がいないので証明は困難です。晩年に書いた字と若い時に書いた字とは大きく違っているので、証明するには相当の時間と費用がかかりました。

ですから原則、自筆証書遺言はお勧めしません。しかし、公正証書遺言には費用がかかる（上の図参照）というデメリットもあります。

ここで、公正証書遺言を作成する場合の流れやコストを説明しておきましょう。

公証人手数料は、遺言の対象と

公証人手数料の計算例

《計算例1》3000万円の財産を妻1人に相続させる遺言

証書作成2万3000円＋遺言加算1万1000円＝3万4000円

《計算例2-1》3000万円の財産を妻と長男にそれぞれ1500万円ずつ相続させる遺言

証書作成（2万3000円＋2万3000円）＋遺言加算1万1000円＝5万7000円

※遺言により相続する人が複数の場合、それぞれに手数料がかかります。

《計算例2-2》1億円の財産を妻に6000万円と長男に4000万円相続させる遺言

証書作成（4万3000円＋2万9000円）＋遺言加算1万1000円＝8万3000円

※遺言により相続する人が複数の場合、それぞれに手数料がかかります。

《計算例3》3000万円の財産を妻1人に相続させる遺言（病院出張／出張日当を1万円とした場合）

証書作成2万3000円＋遺言加算1万1000円＋出張日当1万円＋病床執務手数料1万1500円＝5万5500円

※病床執務手数料は、遺言加算分を除いた証書作成費用の2分の1を加算します。

《計算例4》10億円の財産を妻1人に相続させる遺言

証書作成4万3000円＋1万3000円×4（1～3億円分）＋1万1000円×14（3～10億円分）＝24万9000円

《計算例5》10億円の財産を妻と長男にそれぞれ5億円ずつ相続させる遺言

証書作成（4万3000円＋1万3000円×4（1～3億円分）＋1万1000円×4（3～5億円分））×2人＝27万8000円

※遺言により相続する人が複数の場合、それぞれに手数料がかかります。

《計算例6》10億円の財産を妻1人に相続させる遺言（病院出張／出張日当を1万円とした場合）

証書作成24万9000円＋出張日当1万円＋病床執務手数料12万4500円＝38万3500円

※病床執務手数料は、遺言加算分を除いた証書作成費用の2分の1を加算します。

する財産の価額に応じて決まります。財産の価額が高ければ公証人の手数料も高くなります。また、病院やご自宅に出張してもらった場合、手数料が上乗せになります(前ページ参照)。

遺言作成時点と相続時では、資産、たとえば現預金の残高などは変動します。遺言作成時に5000万円だった現預金が相続時に1000万円になっていることもあるので、今の時点で詳細まで決めることなどできない、と考える人もいるでしょう。その場合は、承継先がおおむね確定している財産のみ公正証書遺言にし、変動する可能性がある資産は自筆証書遺言にするとよいでしょう。

自宅や自社株式を長男に承継することを決めている場合は、その旨を公正証書遺言に残します。現預金や上場株式は今後の変動余地が多く、また細かな承継方針が決まっていないので自筆証書遺言にしておき、節目に見直せばよいのです(*著者注　私もナビゲーター社の指導により、この2つを使い分けました。不動産や相続に対する考え方は公正証書にし、金額が多くて価格の変動する株式や趣味のものに関しては自筆証書としました)。

この状態にしておくことで、自社株式をめぐる遺産分割トラブルは回避することができます。

Q5 血縁者が少ない場合、相続人はどうなる？

配偶者も子供もいない場合、財産はどうなってしまうのでしょうか？

A ナビゲーター

相続人の範囲を知っておきましょう。相続が起きた場合、相続人はまずは配偶者とお子様です。まれにお孫様に財産を承継させたいとお考えの方がいますが、養子縁組や遺言がない場合、お孫様に財産を承継させることはできません。

配偶者とお子様がいない人は、被相続人の親が相続人です。親がすでに他界等をしている場合は、被相続人の兄弟が相続人です。兄弟がすでに亡くなっている場合は、兄弟の子供が承継します。以前あったケースをご紹介します。

Aさんは若くして病気で亡くなりました。未婚でした。父親のBさん、母親のCさんもすでに亡くなっていました。

母親のCさんの家系は資産家で、Aさんは多くの財産を承継していました。Aさんには妹のXさんがいます。兄妹の仲はよく、Aさんの看病はXさんがしていました。

Aさんの相続財産（もとは母親のCさんから承継した財産）は、もちろんXさんに承継されるものと思っていました。しかし、父親のBさんは、Aさんの母親とは再婚でした。前妻との間にYさんという子供がいました。

Aさんにとっても X さんにとっても、Yさんはまったく面識のない他人です。しかし、相続の世界では半分血がつながっていることになり、YさんはAさんの財産の相続人となります。ですからAさんの看病をしてきた妹のXさんは、面識のないYさんと遺産分割協議をしなければなりません。

Aさんの財産は、後妻であるお母さんのCさんから承継した財産です。父方のBさんの財産ではありません。母であるCさんから兄のAさんに承継された財産が、血のつながっていない前妻の子であるYさんに承継されてしまうことに、Xさんはかなり抵抗しましたが、Yさんは遺産を要求。Xさんは、とても悩んでいました。

【解説】

相続人の範囲は法律で明確に規定されており、知っておくべき内容です。

前述のようなケースは、Aさんが遺言書で妹のXさんにすべての財産を相続させると書いておくことが必要でした。遺言があれば遺留分のないYさんに財産はいきませ

Aさんの家の親族図

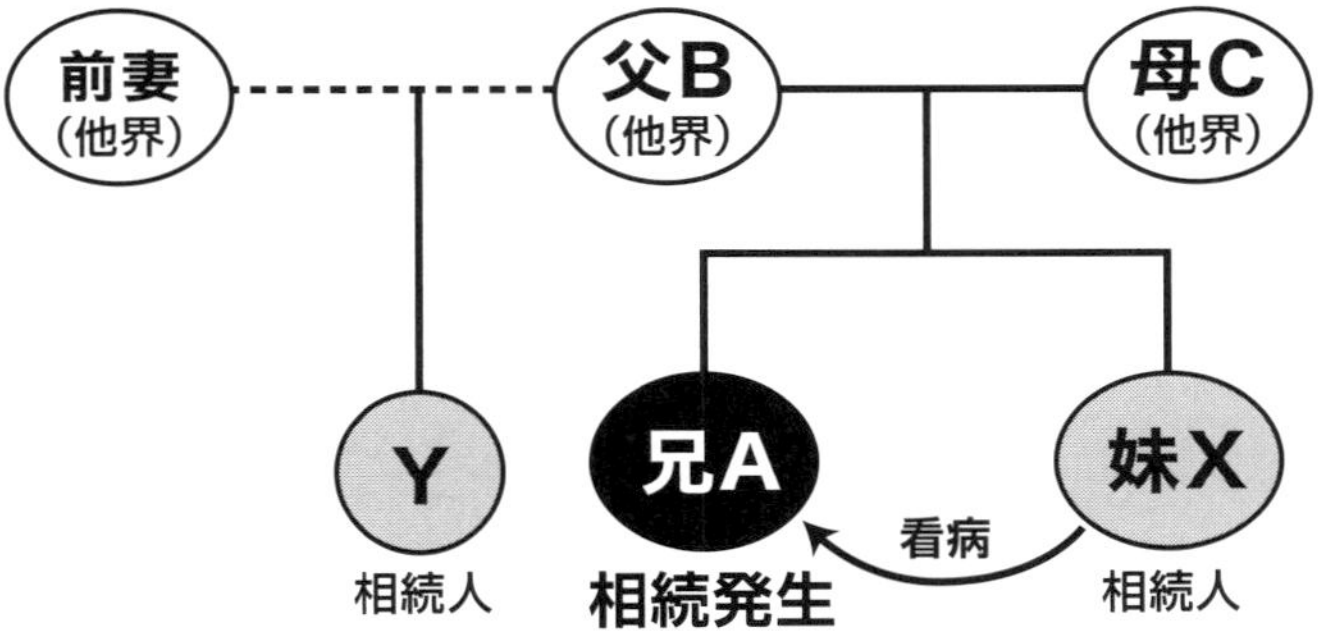

んから、遺産分割協議の必要がありません。

ただ病気になったAさんに、兄思いのXさんが「自分がすべての財産を相続できるように遺言を書いてほしい」と言えたでしょうか？　相続の世界は知識があるかどうか、知っているかどうかがすべてです。

兄弟もいない人の場合はどうなるかというと、被相続人が遺言等を残さなかった場合、財産は国庫に帰属する前に相続財産管理人を経由し、最終的に国にいってしまいます。

自社株式をもっている場合、非上場株式は国庫に帰属する前に相続財産管理人にいき、その後、株式を換金します。まず、購入の可能性がある発行会社である非上場会社に国＝相続財産管理人から声がかかり、その際の価格を前提に買い取り交渉を行うことになります。

Q6 事業承継税制改正で何がどう変わるのか

平成30年に事業承継税制の税制改正が行われるとのことで、とてもメリットのある改正と聞きましたが、どのような内容なのでしょうか？

A

ナビゲーター

今回の税制改正は、非上場株式のオーナーには大きな影響があります。この税制の趣旨は中小企業の株式の承継に際し、相続税や贈与税の負担をかけずに後継者に株式を承継させるものです。この内容を前提に承継について考える必要があります。

【解説】

今回の税制改正には大きな意味があります。２０２７年12月31日までに株式を承継する場合、要件を満たせば１００％相続税・贈与税が猶予されるからです。

現行制度は発行済株式の３分の２まで、その80％が猶予とされており、実質53％の猶予でした。これが１００％になれば、経営者にとっては事業承継のネックとなっている相続税を気にせず承継プランを検討することができます。

同時に後継者にとってもよい制度です。

仮に40歳で大手企業を退職して親の会社に入った人が、会社のために一生懸命に仕事をしたとします。頑張れば頑張るほど業績が上がり会社の株価が上がります。現状では、株価が上がれば自分が負担する相続税も増えてしまうことになります。これでは意欲がそがれてしまいます。

そのモラルハザードも、この税制を使えば解決できます。国も事業承継問題に大きな施策を打ってきたという印象です。ただし、手放しでこの制度を使うわけにはいきません。よい話には裏があります。次の問題をクリアする必要があります。

①要件を満たすことができるか（税制を適用時のみ要件を満たすだけでなく、適用後も一定期間満たし続ける要件がある）。

②遺産分割の問題はクリアできるのか。株式のすべてを後継者（例えば長男）に承継させた場合、他の相続人（たとえば長女や二男）と遺産分割争いにならないか。

③この法律は10年間限定のため、10年で次期後継者を育てて、株式を移転することができるのか

もっとも、事業承継の問題は相続税や贈与税のことだけではありません。会社の成長、後継者の能力を適正に判断したうえで慎重に承継を進めていく必要があります。

Q7 海外脱出すれば相続税は払わなくていい？

有名な企業のオーナーが次々に海外に移住していると聞きます。老後は相続税のない国で生活するのもいいと思っていますが、海外移住すれば相続税の問題も解決するのでしょうか？

A

ナビゲーター

これは、よく聞かれる質問です。海外での生活が長い人、海外での事業が主な経営者の人は、この件に大きな関心をもっているようです。

【解説】

２０１５年7月より、出国税がかかることになりました（国外転出時課税制度）。これは1億円以上の対象資産（例えば株式）をもって海外に移住する場合、一度譲渡したものとして譲渡所得税を納めるという税制です。

たとえば、未上場株式を時価で１００億円もっている人が、仕事の関係上、海外で生活する必要が出てきたとします。この場合は、海外に移住する時に、時価１００億円－取得価額（相続した株式の場合は時価の5％）×15％の譲渡所得税がかかってきます。およそ15億円です。納税猶予制度もありますが、原則的には譲渡する、しないにかかわらず、この出国税がかかります。

海外に財産をもっていって贈与税のない国で贈与をしようとすることは、今はほとんど無理です。その前に出国税で税金がかかってしまいます。国もしっかり対策をしているのです。

それでも隠れてもっていくと……今では世界で海外財産の情報を補捉する仕組みができているので早晩脱税で逮捕されることになります。怖い話です。

こんなケースもあります。

国内で自社株式20億円をもっていた経営者が亡くなりました。お子様は1人で、商社に勤めて海外勤務をしていました。

もちろんお子様が相続をして相続税を支払いますが、この場合、怖ろしいことに出国税も支払う必要があるのです。

Q8 遺産分割トラブルを避けるためのポイントは何か

遺産分割トラブルの話をよく聞きますが、株式の件でトラブルとなってしまうと、経営に影響が出てしまうので心配です。トラブルを防ぐ方法はあるのでしょうか?

A

ナビゲーター

私どものクライアントでもよく聞きます。理屈より、妬みなどの個人的な感情が優先されているケースも多いようです。もっと言えば、当事者間より、周りの人々が知恵をつけることで、さらにやっかいな争いになっていくケースも多くみられます。

【解説】

長い期間、相続税申告の現場をみていると、ここ10年は特にもめ事が起きる割合が増えたと実感します。

経営者に起きがちなトラブルとしては、次のようなケースがあります。

1　分散した株式の問題：社長の兄弟などが所有している株式の買い取り時にトラブルになるケース

2　兄弟間の格差の問題：株式の価額が大きく、株式以外の財産を相続する相続人との格差がトラブルになるケース

3　愛人問題：愛人に渡していた現金やマンションなどの不動産が問題となるケース

ここでは一般的な事例として、2のケースについて考えてみます。

社長には長男と長女がいます。長女は結婚して専業主婦として幸せに生活をしています。長男は会社の後継者で、次期社長候補として忙しく働いていました。

財産は、自宅が5000万円、預金が5000万円、株式が5億円で、他にはありません。妻は数年前に亡くなっています。

経営者である親としては、株式は事業を承継する長男、自宅は長女、現預金については納税もあるので半分ずつで仲よく分けてほしいという考えをもっていました。ところが、財産のうち株式が5億円で、全体の8割以上を占めていることが大きな問題となります。

仮に長女が法定相続分である自宅5000万円と預金5000万円、さらに株式2億円分を主張したらどうなるでしょうか?

長男は相続税の納税資金が不足します。また、株式の40%を長女が所有することになると、長男は3分の2の株式をもたないことになるので、長女の同意なしに会社の重要な判断を下すことができなくなってしまいます。さらに将来、株式の買い取りについても考えなくてはいけません。

まだ親が若く、相続自体が少し先のことである場合、後継者である長男が頑張って会社の業績を上げれば上げるほど、相続税が上昇し、遺産分割が困難な状況になっていきます。これでは後継者のモチベーションは上がりません。

このようなケースの場合、事前に議決権を制限する「種類株式」や優先的に配当を行う「種類株式」の導入などの対策を行うことで問題を解決することができます。「種類株式」を導入するにしても、経営者は元気なうちに、自分の思いや考えを子供たちにしっかりと伝えておくことが重要です。遺産分割トラブルの大きな原因は、財産をもらう側ではなく、渡す側の問題でもあります。

Q9

株式を100％長男に承継させる場合の問題点は？

子供が2人おり、長女は専業主婦です。長男が私の会社に入っているので、全株式を承継させるつもりです。株式以外にも財産があり、長女にも承継させる財産があるので心配はしていないのですが、何か問題となる要因はあるでしょうか？

A

ナビゲーター

多くの経営者は子供同士がもめることを心配していません。ただし、円滑に相続できるには、遺産分割のバランスが取れていることが大切です。

【解説】

1つ注意が必要なのは、株の準共有の問題です。相続後、遺産分割ができるまで会社の株式は会社法上、相続人の準共有という状況になります。これは、株式1つひとつがお子様2人の共有状態となることです。共有なので2人の合意がないと議決権は行使できません。

仮に、相続時に社長が１００株、親族ではない専務が20株を所有していて、合計１２０株があるとします。お子様は長男と長女の２人です。

社長が亡くなった後、会社に入っている長男が１００株を相続するのが通常です。しかし、多くの場合、相続開始後、財産の状況が把握できるのは３～４カ月後で、遺産分割の話はそこからスタートです。

長女は全体の財産が見えなければ判を押すことはないでしょう。相続が確定するのは遺産分割協議で合意して、書類に判を押してからなので、短くても数カ月は経過してしまいます。

その間、社長のもっていた株式１００株の１株１株が、すべて２人の共有です。つまり、仮に長女が財産分割のバランスに不公平さを感じて嫌がらせをしたり、謀事を企てれば、１００株は議決権の行使されない株式となるため、残り20株をもつ専務が実質議決権１００％となってしまいます。

もちろん、実務ではうまくやっていて問題ないケースが多いですが、まさかの時に備え、遺言書を作成しておく必要があります。

Q10 相続税の税務調査はどう行われるのか

法人税の税務調査は何度か受けたことがあるのですが、相続税に関してはまだありません。相続税の税務調査は実際どのように行われるのでしょうか？
また、申告漏れ財産はどのように調査されるのでしょうか？

A

ナビゲーター

相続税の税務調査は怖いものです。仮に追加で納税することになる場合、納税負担も大変ですが、調査に対応することの精神的な負担も大きなものです。相続人である配偶者や子供たちは知らない財産のことで調査を受けることになるからです。ただし、事前に準備をすることで負担を減らすことは可能です。

【解説】

相続税の実地調査は4件に1件の割合で行われています。実施された調査のうち80%の確率で、新たな相続財産が出てきています。つまり、税務署は調査に行く前から、指摘する箇所を見つけていて、その証拠を集めるべく調査に来ているのです。

以下、税務調査の流れを整理します。

相続後すぐに税務調査は来ません。申告期限である10カ月を超え、さらに税務署が申告内容を調査し、その後に必要があれば税務調査となります。またよほどの隠蔽の可能性がない限り、自宅に突然来ることはありません。

相続開始から数カ月後、財産のありそうな人には相続人宛てに税務署から相続税申告の通知が郵送されます。申告書が届いたなら、税務署が申告書を提出すべきと考えていると判断してください。

相続税は、相続開始から10カ月以内に申告しなければいけません。

申告しても税務署はすぐには来ません。税務署には多くの申告書が来ており、税務官はそれらを時間をかけて見ているのです。

多くの場合、申告書を提出してから1～2年後……忘れた頃に税務調査が行われます。税務署は近隣の金融機関に対し、被相続人・相続人関係者の通帳履歴等照会を提出させる権限をもっています。彼らの調査は徹底しており、「Suica（スイカ）」の履歴まで調査されることがあるくらいです。

仮に5年前、社長の財産から1000万円を孫名義の口座に移動していたとします。

贈与税申告もせず相続を迎えた場合、それは誰の財産になるのかといえば、被相続人である社長の財産です。税務署はこれを見つけ、指摘するために税務調査に来ます。税務官はお孫さんに「祖父から贈与を受けたことはありますか？」と聞きます。お孫さんはもらっていても、もらったとはいえず「贈与はありません」と言います。これで税務官は贈与がなかったこと＝相続財産であることの証拠を得たことになります。

お孫さんが「贈与はあったのだが、贈与税の申告は忙しくてできなかった」と答えた場合は、贈与税申告の時効が来ていなければ贈与税申告を行います。

銀行は10年間だけ履歴を残していると言われています。10年以上前の取引については、税務官は通帳現物を見るなりして調査します。今後は10年以上のデータを別の形で保存することができるようになるでしょう。10年前であればなにをしてもばれないということであありません。今後はマイナンバー等との連携により、不正や間違い、漏れ等も見つけることが可能となります。

税務調査は、よほどのことがない限り、いきなり相続人に連絡がくることはありません。まずは申告した税理士に連絡がいきます。また、いきなり自宅に来ることもありません。しっかりアポイントをとって当日を迎えます。

税務調査の時期も決まっています。毎年7月の税務署の人事異動の後から12月までに調査が終わるよう、秋頃に税務調査を実施することが多いです。年明けになると、税務署は確定申告で忙しくなるからです。

相続税専門税理士は経験があるので、税務署と同じ見方ができます。事前に対応を準備できるという意味でも、他の税理士とは差が出てきます。

オーナー経営者は、地元では名士です。努力して素晴らしい会社を築き上げ、地元に貢献してきました。財産承継で、財産を隠したり、故意でなくとも申告漏れがあったりすると、死んでから名誉と尊厳を傷つけることになります。万が一、申告漏れなどで報道されたりしたら、オーナー経営者の尊厳は地に落ちてしまい、一族の信用もなくなってしまいます。

それでなくても、富裕層は嫉妬の対象になります。名士であり、富裕層であるオーナー経営者の親族が相続税の脱税で報道されたら、あるいは噂が立ったら、世間の目は非常に冷たいものになるでしょう。

そうならないように、財産を明確にし、財産分与の方針を親族に伝え、正直で最適な相続税申告ができるように生前から周到な準備をしておくべきです。

Q11

自分が認知症になったら財産はどうなるのか

認知症になった場合、財産の相続についてどのような手続きをとればいいのでしょうか？

A

ナビゲーター

認知症の場合、法律行為はできません。相続対策もなにもできません。

【解説】

認知症は深刻な問題です。65歳以上の人のうち、５人に１人が認知症または判断能力に疑義があるといわれています。経営者にとっても認知症は他人事ではないので、準備は必要です。

認知症に該当すると法律行為ができません。たとえば、認知症の人が遺言を作成した場合、その法律行為は無効となってしまいます。

ここでは、認知症の疑いのある経営者が公正証書遺言を作成し、その後に相続が起きた場合を考えてみます。

遺言の内容に不満がある次男は、「遺言作成時、父は認知症で判断能力はなかった。遺言は無効だ」と主張しました。それを受けて長男は「公証人の目の前で作成しており、問題はなかった」と主張しました。

ただし、公証人の立ち会いが法的な証明となるわけではありません。あくまで公証人は、その場で個人が言ったことを証明するもので、判断能力があるかどうかを判断しているわけではないからです。

父に判断能力があったことを長男が証明するのは、とてもむずかしいことです。判断能力に何の懸念もないうちは、誰も認知症かどうかの検査は受けないからです。

以前、次のような事例がありました。

亡くなった父がモルヒネなどの成分の入った薬を服用していました。父が残した遺言に不満をもっていた次男が、この事実をもとに遺言の無効を訴えました。長男は、「父は薬を飲んでいたが、判断能力に問題はなかった」と主張しました。しかし、医師が「モルヒネは判断能力を鈍らせる効果がある」と解説したことがポイントとなり遺言が無効となってしまいました。

認知症と診断されるかどうかではなく、判断能力があったかどうかがポイントとなります。そのため、今後、判断能力がポイントなるようなケースでは、必ず認知症の検査を受けたうえでの対策が必要です。

「うちの家族は仲がいいから、そんな対策は必要ない」と思うかもしれませんが、「まさか」に備えることが大切です（＊著者注　私は弁護士のアドバイスにより、「妻が85歳を超えた場合は相続執行人を遺言書管理を任せている弁護士にする」と遺言書に明記しました。妻の認知症対策のためです）。

Q12

社長が急死したら誰が次の社長を選ぶのか

現在、会社の大株主であり社長である自分が突然死んだ場合、会社は誰が相続するのでしょうか。

また、誰が次の社長を選任するのでしょうか？

その他、留意することがあれば教えてください。

A

ナビゲーター

誰が会社の代表を選ぶのかといえば取締役会です。

代表が死亡したら、残された取締役が代表取締役を選びます。

基礎的なことですが、ここで整理しておきます。


【解説】


現社長としては、自分が突然に亡くなってしまった場合、自分が気に入らない、あるいは想定していなかった人間には社長になってほしくないと考えているでしょう。

社長であれば当然だと思います。

次の社長は会社の取締役会で選ぶわけですが、その取締役を選任するのは株主です。議決権の過半数をもっていれば、その株主が取締役を選ぶことができます。相続が起き、ご家族が株式を相続した場合は、そのご家族が取締役を選任することになります。ですから、ご家族が事業に関連のない場合は、会社のために遺言などを残しておく必要があります。

また、社長の自宅が会社所有になっていて社宅扱いとなっている場合、ご家族が社宅から追い出されてしまうのではないかと心配される方もいますが、そのようなことがないように、賃貸借契約書を会社との間で締結しておく必要があります。

賃貸借契約書をつくっていない場合は問題が発生する可能性がありますので、事前に準備しておきましょう。

なお、自宅が会社所有であることをご家族が知らないケースもありますので、事前の説明も必要です。

Q13

生前贈与をしておけば相続税申告は必要ない？

生前に贈与をしていれば相続税の申告は必要ないのではないでしょうか？それでも税務署は調査に来るのでしょうか？

A

ナビゲーター

相続の前に株式のすべてを親族に贈与してしまえば問題ないのではないかと考える方もいらっしゃると思いますが、それはむずかしいでしょう。

【解説】

相続税申告が必要かどうかについて、税務署は毎年の所得税申告書等で把握しています。区役所から相続の知らせが税務署に届き、税務署は機械的に相続対象者かどうかを把握し、相続税申告書を送付しています。

次に贈与（相続時精算課税制度及び納税猶予制度を除く贈与）についてですが、相続前に全財産を贈与していれば相続財産はないので申告は必要ありません。

ただし、「贈与財産の持ち戻し」があるので注意が必要です。相続開始から3年以内に相続人に対して行った贈与は、仮に贈与税を支払っていても相続財産に再度含めて計算し直します。つまり、余命1年と宣告されてから生前贈与を始めたのでは遅いということです。

ポイントは相続人です。たとえば、長男の嫁に対して行った贈与については、相続人に対する贈与ではないので対象にはなりません。

なお、贈与には時効があります。株式の場合、不動産とは違って、贈与があっても登記は必要ありません。仮に7年前に贈与契約書を作成して黙っていれば、税務署も相続まで知ることはできないかもしれません。

しかし、税務署には所得税・法人税の申告書データがあります。経営者が株式を持っていることや、どれくらい利益の出る会社なのかなどについて、税務署はしっかり把握しています。

相続時にあるはずの株式がなければ、税務署が調査をします。調査時に「すでに贈与しています」と主張した場合、税務署は贈与が成立していないことを証明しようとしてきます。

では、「贈与を受けたことは認識していたが、申告することを忘れていた」と答えたら通用するのでしょうか？

税務署が、贈与は成立していないことを証明したら、相続財産になります。

株式の贈与であれば、
・株式の議決権を誰が行使していたか？
・株主名簿や法人税申告書の記載は変更されていたか？
・配当を受けていたか？
などがポイントです。

配当を受け取っていたのは贈与を受けた子か、それとも贈与をした父か。株主として権利を主張していたのは誰か。

一度でも父が株主として権利を主張していた事実がある場合、贈与とはいえません。税務署は、形式とは異なり、実質は父が株式を管理していたという証拠を見つけようとします。

法律の建付けは、贈与は相続税法の中にあります。相続税を免れた移転に対して贈与税があります。ですから「過去に贈与した」ではすまされないのです。

Q14

「信託」の意味と内容を教えてほしい

信託が流行っていますが、実際どういう内容なのでしょうか？　信託を利用するメリットを教えてください。

A

ナビゲーター

近年、信託についての質問を受けることが増えています。「面倒なことでないのであれば検討したい」と考えている経営者も多くいらっしゃいます。

信託契約を結んでおけば、なんでもできると思っている人がいます。しかし、子供に土地を信託し、その土地に父親名義の不動産を建設するために借入をしようとしたら、金融機関から借り入れができなかった、という話を聞きます。

【解説】

そもそも信託の制度は、中世のイギリス十字軍の時代にまでさかのぼります。自分が戦地に行っている間の財産の管理を信じて託したのが信託の始まりです。経営者は株式について信託の検討が必要です。

信託事例は主に次の2つです。

①認知症対策のための信託
②遺言型信託

よく銀行で、「遺言信託」という言葉を聞くことがあると思います。

遺言信託は、名前こそ「信託」ですが、信託法上の信託ではありません。相続財産の処分を遺言執行者である銀行が、相続人に代わって行うだけのもので、実質はただの遺言執行です。

ちなみに銀行に支払う報酬は、総財産の約1％程度です。財産が10億円あれば、1000万円です。

生前に親が契約していたことを相続後に子供が知って、あまりの報酬の高さにトラブルになるケースもあります。

ですが、事業承継を円滑に進めるためには、信託の活用は大いに有効です。

経営者である父親が株式のすべてを所有している場合、認知症になってしまうと株式の議決権行使等はできなくなってしまいます。そこで、早期に後継者である息子に議決権を移したいと考えるのですが、株式を単純に贈与すると多額の贈与税がかかってしまいます。

そこで、所有株式について父を委託者として、受託者＝管理する人を子、受益者を父とする信託契約を結びます。結果、株式の議決権行使は子に移り、財産権は父のままとなります。

信託契約には多額の費用がかかるイメージをもっている人もいると思いますが、専門家によっては100万円程度から対応されている事例も見受けられます。

ぜひ一度、ご相談いただけるとよいと思います。

▼賢い相続において重要な4つの視点

相続の視点で、さまざま事例をご覧いただきましたが、私が考える賢い相続のための重要な視点とは、次の4つです。

①事業の承継
②遺産分割トラブル
③納税資金不足
④家族・会社関係者への説明

この4つの準備をすることが経営者の賢い相続につながります。

①の事業の承継は、最もむずかしい仕事です。

「まさか…」が起きた時、あなたは経営を誰に任せますか?

後継者が決まっているのであれば、次の社長が経営しやすい環境をつくっているかがポイントになってきます。しかし、まだ後継者が決まっていないという経営者も少なくないでしょう。実は、事業承継の方法は、次の3つしかありません。

・子供（娘婿などの親族も含む）に承継する
・従業員に承継する
・M&Aで第三者に承継する

たとえば、長男に会社を継いでほしいと思っている経営者がいるとします。長男は金融機関でそれなりの役職についており、会社を継ぐかどうかはわかりません。この場合、M&Aの可能性があることを視野に入れておけば、長男と時間をかけて話し合い、むずかしければM&Aの道を選択することができます。M&Aをまったく考えていないのであれば、廃業するしか選択肢はなくなっています。その時の財産の目減りや社員・地域社会とのトラブルや悪影響についても、十分に長男の理解を得て協力体制を築いておく必要があります。

経営者は、常に多くの選択肢をもって従業員や事業をマネジメントしてきたはずです。経営の承継についても選択肢を多くもちながらマネジメントをしていけば、スムーズな承継をさせることができるはずです。

②の遺産分割トラブルを防止するには、自身の財産を把握することから始めます。「後のことは任せた」という方針だと、多くの場合、混乱が生じます。第4章を参考に、財産の全体像を把握したうえで、ご家族を納得させることができる分割案を作成してください。「自分の考え」＋「税務上の最適化」＋「ご家族の納得」のバランスを取ることが最も大切です。

③の相続税資金不足を解決するには、まずは必要な納税資金の把握から始めるべきです。次の順番で確認します。

・納税資金が不足していないかどうか
・相続後に配偶者が安定した生活を送ることができる資金を有しているか

これらの条件を満たしている場合は、本人が趣味や遊びに使えるお金を用意できているかも考えます。不足している場合は、運用等を行って準備する必要があります。

④の家族・会社関係者への説明も重要です。

相続後、「あの時、父は○○○と言った」という話が家族間でよく出てきます。やはり、生前に威厳をもって家族に「その後」について話す機会をしっかりつくっておくことをお勧めします。その際、証人として第三者を交えてもいいかもしれません。

これらのことを実行している経営者は、実はほぼいません。どこまでやるべきなのかがわからない経営者も少なくありません。しかし後継者からすると、「そのくらいやってくれよ」と思っていることが多いものです。

私はこの①～④を、すべて63歳の時に行いました。その結果、私も妻も、長男・長女、その家族、そして幹部社員、すべてが安心したと思います。

私も不安を感じずに、事業展開の総仕上げに向かって全力で仕事に打ち込むことができています。

その結果、業績も伸び、株価も大きく上昇しました。すべての人が安心できる状態をつくり出すのも、経営者の大きな仕事の1つだと実感します。

▼残念な相続の事例から見えてくる重要なポイント

次に、残念な相続について考えてみましょう。
以下の事例を見ていただき、何が不足しているのか考えてみてください。

事例：横浜市の製造業
所有財産：①預金3億円、②生命保険1億円（被保険者：会長／受取人：社長である長男）、③自宅1億円、④自社株式3億円、⑤妻名義に変えていた預金8000万円（妻に内緒で預金を移していた）、⑥会社の本社敷地1億円、⑦趣味の車（日産GTR：2000万円）　合計10億円
家族：妻1人、子2人（会社は長男が継いでいる。次男は公務員）
経緯：会長は財産のことを家族に話しておらず、相続税対策は何もしていなかった。そのため、相続が開始してから、相続税額を知ることとなった。

このケースでは、次のような問題がありました。

問題①：家族が思っていたよりも預金が少なかった。
実は、会長は地元の寺などに寄付していた。退職金等は自分のために使っていた。
会長自身は、多くの預金を残していたので足りると思っていた。
問題②：妻名義に変えていた預金があったため相続税申告に漏れてしまった。
妻も知らなかった預金が出てきたため、税務調査で追及された。
問題③：会長の趣味だった愛車を家族が相続後、早々に処分してしまった。
家族は車に詳しくなかったため、その価値に気づいていなかった。
問題④：会社の本社敷地1億円の相続人が、会社事業に関係のない次男が相続することとなった。
問題⑤：自社株式の評価が思った以上に高かった。
会社の業績の影響を大きく受け、会長が所有する株式の株価が上昇してしまった。

最終的に、法定相続分を考慮して遺産分割協議を行った結果、長男は資産の多くを承継できたが、換金不可能な株式を相続し、次男が金融資産の多くを相続したため、長男は相続税納税資金が不足し、困窮することとなってしまいました。

では、どのような対策をとっておくべきだったのでしょうか？

問題①の対策：財産の状況やお金の使い道を本人の言葉で家族に説明しておくべきだった。

問題②の対策：生前に会長が財産目録を作成していれば財産漏れはなかったし、税務調査にもならなかった。

問題③の対策：遺言等を通じて後継者に愛車を売却しないよう会長の思いを残すべきだった。

問題④の対策：生前に次男の納得を得られるよう資産運用等を行い、十分に蓄えておくべきだった。会長が長男、次男に話をしておくべきだった。

問題⑤の対策：会長が株式の承継にかかる事前の対策を打っておいてくれれば、長男としては適切なタイミングで計画的に会社を引き継ぐことができていた。

相続では１００％完璧なことはあり得ません。相続が発生したら後には戻れないのですから、早めに決断、実行して最善の準備を進めていくことが大切です。

▼相続対策では「いかに損をしないか」が大切

前述の事例を踏まえて、相続について大切なポイントをまとめておきます。

①経営の承継

長男を後継者として会社を任せるのであれば、一定の株式を生前に贈与等で計画的に移転すべきです。また、株価については専門家と相談し、納税資金政策を実行しておきましょう。

②財産の承継

財産のうち株式等会社関連の資産が多くを占めている場合、会社に関与しない相続人にどの財産を相続させるべきか、指針を示しておくべきです。

事例では、趣味の車も相続人にとってはプラスの財産とは認識されませんでした。事前にご自身の遺志を伝え、資産として残す方法を検討しておきましょう。

③納税資金対策

資金は十分にあると考えていても、分割案を考慮したうえでの納税資金としては不足する可能性があります。資金対策についても万全に計画しておきましょう。

④家族との会話

承継の方針がない、あるいはあったとしても家族に伝わっていなければ、法定相続分をベースに話をすることになってしまいます。

また、妻名義の預金については、ご自身の奥様に対するやさしさですが、そのやさしさを口にしなかったために妻に負担をかけてしまうことにもなりかねません。ご自身の思いや考えは、必ず口にして、家族にしっかり伝えておくべきです。

賢い相続のポイントについて、ご理解いただけたでしょうか。相続に得はありません。人が亡くなってしまうのですから、どのように対策を講じてもマイナスになってしまうものです。そのうえ遺産相続でもめるようなことになれば、家族全員が不幸になってしまいます。

相続については、「いかに損をしないか」という視点をもちながら準備を行っていきましょう。

私はなぜ M&Aを決断し、どのように成功したか

第6章

これまでの内容を踏まえ、
M&Aによる事業譲渡を実現された
経営者の方々の成功事例をご紹介します。
事業譲渡を決断するきっかけや、
そこに至る過程は千差万別であり、
会社と社長の数だけドラマが存在するといってもいいでしょう。
これからご紹介する成功事例にご自身を照らし合わせ、
今後の事業承継への参考にしていただければと思います。

体験1

苦労の末につくり上げた会社を70歳で譲渡。会社の存続と心の安寧を得ることができた

竹田敏男氏　商栄機材株式会社　会長

兵庫県加古川市

環境プラント・各種コンベアの設計・製造・メンテナンス業

第1次オイルショックの後、ピンチをチャンスと捉え独立する

会社を創業したのは１９７６（昭和51）年。日本の高度経済成長期が終わりを告げ、安定成長期に入ったといわれてから数年が経過した頃のことでした。

ロッキード事件の発覚やモントリオールオリンピックの開催などが世の中の話題に

なっていた年でしたが、私は立ち上げた会社の経営に、ただひたすらに奔走する毎日だったことを思い出します。

私が生まれ育ったのは、神戸・須磨の地です。古くから美しい砂浜が有名で、かの『源氏物語』にも登場することでご存知の方もいらっしゃるでしょう。現在では関西圏を中心に毎年多くの人が訪れる海水浴場としても賑わいを見せています。

子供の頃から体力には自信があったので、学生の頃は陸上競技に熱中したり、親戚が所有していたヨットに乗って、瀬戸内海で行われるヨット競技に打ち込んだものでした。

そんな私が高校を卒業後、たまたまアルバイトを始めた会社が、神戸に本社のある搬送機械や設備を専門に扱う商社でした。じきに営業力を見込まれた私は社員として働くようになり、26歳の時、明石・加古川地域の営業所の所長に任命されたのです。

大手鉄鋼メーカーの神戸製鋼や、産業用チェーンでは世界シェア1位の部品メーカーである椿本チエインという大口の取引先を任され、順調に営業成績を上げていったのですが、数年後に大きな転機がやってきます。

1973（昭和48）年、第1次オイルショックが起き、世界経済が混乱する中、日本経済も大きな打撃を受けました。翌年には戦後初めて経済成長率がマイナスとなり、これを契機に高度経済成長期は終焉したといわれていますが、私が働いていた会社も例外ではありませんでした。業績が低迷し、会社は規模の縮小を決定したのです。

私はリストラの対象になったわけではありませんでした。しかし、若気の至りというのでしょうか、社長の男らしくない逃げの態度に失望した私は、「それなら、給料が多い人から身を引いたほうがいいのと違いますか？　では、まず私が辞めさせてもらいますわ」と上司に宣言してしまったのです。

上司には、何度も撤回するように言われました。社長と部長は何度も自宅に来られて、「ぜひとも会社に残ってほしい」と説得されました。もちろん葛藤はありました。しかし、私は翻意しませんでした。なぜなら私には、いつかは独立して自分の力で勝負をしたいという思いがあったからです。

私には学歴も親の財産もありません。だからこそ、自分の力で何かを成し遂げたい、そして人生をまっとうしたいという思いがありました。せっかく生まれてきたのですから、一度の人生を後悔なく、精一杯に生き抜きたいと思っていたのです。

数カ月後、会社から退職することを認めてもらいました。しかし、私が独立して弓を引かれては困るという考えがあったのでしょう。社長からは、「加古川市周辺のデッドユーザーを渡すから、この数年間、取引のないお客様の再開拓をして、うちの特約店になってもらえないだろうか」という申し出がありました。私は、「そうした仕事は受けたくありません。1年間くらいは、ゆっくり休ませてほしい」と話したのですが、お世話になった会社でもあります、最終的には会社からの意向を受け入れ独立し、加古川市に会社を構えることにしたのです。

創業から10年は苦労の連続…しかしその先に見えた光明、そして挫折

会社の創業は、私についてきてくれた2人の部下と合わせて3人でのスタートでした。船出は順調に思えました。早速、神戸製鋼から新しい高炉の建設に関する話をいただいて、私はその推進派に抜擢されました。神戸製鋼の当時のトップの方とも何度も会合を重ね、同時に建設候補地である神戸市から加古川市の間の漁業組合の方々とも交渉を重ねていきました。おかげで、わずか3人の小さな会社でしたが、1年半後には神戸製鋼との口座を開設することができたのです。

そこから本格的な取引が始まったわけですが、私としては前職の会社の商品を販売するわけにはいきません。当時、私の会社には設計・製造の部門もありませんでしたから、搬送機械の自社製品を売り込むこともできません。あらためて当たり前のこと、つまりこのままでは事業を大きく発展させられないことに気づいた私は、なんとか事業の独自性を生み出すために、ものづくりをしていくための設計・製造部門を立ち上げることにしました。

ところが、ここからの10年間は本当に苦労の連続でした。なかなか注文は来ないので商品を販売することができません。設計の注文が来ても工場をもっていなかったために信用を得られず、契約がまとまらないということもありました。だから当然、利益は上がりません。外注に出すことも検討しましたが、万が一にもクライアントから不具合のクレームが出た場合、外注先の企業が対応してくれないという問題もあり、断念せざるを得ませんでした。まったくもって、〝ないないづくし〟の時代だったのです。

とにかく、主力事業としてものづくりをしていくには、製造からメンテナンスまでが行える工場が必要です。資金がなかったために、まずは貸工場を借りて事業の仕切り直しをしました。そこで私が目をつけたのは、水処理や環境関連の分野でした。

創業から10年が過ぎた1980年代の後半頃はバブル景気の真っただ中でした。日本経済は好景気に沸き、消費は増大、生産活動も拡大していましたし、人口も増加している時代でした。それに伴って水処理や廃棄物等のごみ処理問題がクローズアップされていました。量の問題はともかく人間が生きていれば下水とごみは出続けるのですから、誰かが処理し続けなければいけません。水処理やごみ処理のプラントを設計、製造し、メンテナンスまでも手掛けることができれば全国の自治体にも売り込めて安定した収益が上げられるのではないかと考えたのです。

そうした経営努力のかいもあって、創業から20年を過ぎた頃には徐々にお客さんが増えていき、ようやく経営が安定してきました。

ところが、好事魔多しとはよくいったものです。予期せぬトラブルが突然に降りかかってきました。非常に信頼していた取引先企業が倒産したのです。私が油断していたのかもしれません。しかし、その時はまったく予兆を感じませんでした。結局、数億円の売上げを回収できず、会社は一気に傾いてしまったのです。創業から25年目、58歳の時でした。

この頃が人生で最も苦しい時期だったかもしれません。会社を畳んで自己破産するか、それとも自殺をするか、そんなことを毎日考えるほど私は精神的に追い込まれていきました。しかし、私はなんとか「生きる」ことに舵を切りました。

借入金の返済については、銀行と何度も交渉を重ねました。

「たとえ1、2回返済できても、その後に返済できなければ意味がありません。金額を10分の1程度に減らしてもらえれば継続して返済していくことができるし、必ず完済できます。なんとか、このスキームでお願いできないでしょうか…」

粘り強く交渉したかいがあり、最終的には取引先3行の同意を得ることができました。同時に、すべての取引先と仕入れ先に挨拶回りをして、なんとか会社を再建していくことを誓いました。

そんな時、ある取引先の社長から連絡をいただきました。電話口の彼は、「お宅の手形をもっているのは不安でしようがない」といいます。弊社は手形を切っていましたが、不渡りは出していませんでした。しかし、その社長は連鎖倒産を危惧していたわけです。私は当時の現状と今後の再建計画について正直にお話ししました。すると彼が言いました。

「大変失礼だけれども…竹田さんにそこまでの自信があるなら、今すぐこの手形を買い戻してもらえないか？」

私は、これはチャンスだと思いました。なぜなら、〝生きたお金〟を借りることができるからです。そこですぐに銀行と交渉をしましたが、答えはＮＯでした。なんとか最後に友人からお金を借りることができ、結果として５０００万円の手形を半額で買い戻すことができたのです。

当時は、それまで仲良くしていた人が、まるで潮が引いていくかのように去っていくという経験もしました。人生の悲哀や商売の厳しさをつくづく感じましたが、一方で自分が苦境に立った時こそ本当の友がわかる、ということも真実だと、身をもって理解できたのです。

今、こうして当時を振り返り、なぜあの時に生きる道を選ぶことができたのかと考えると、やはり社員たちがいてくれたからだと思います。守るべきものが家族だけであったなら、私はすぐに逃げ出していたかもしれません。苦しい暮らしにはなるだろうが、夜逃げでもしてこの現実から目をそむけてしまえば、少しは人生がラクになるだろうと考えていたからです。

しかし、会社が苦境に陥っても、社員たちは1人も辞めずに私についてきてくれたのです。逆に私が彼らから励まされることもありました。そんな社員たちとその家族の生活を守るためには、なんとしても会社を再建し存続していかなければなりません。その思いが、当時の私の心の支えになったのです。

腹心の部下の相次ぐ死で事業承継の重要性を考え始める

60歳の頃の自分を振り返ってみると、当時の私にはリタイア後の人生を考えたり、事業承継について準備をする余裕などまったくありませんでした。とにかく、会社を立て直すこと、社員たちの給料を確保することで精一杯の状況でした。

それから10年近くが経過し、気がつけば会社を創業してから40年近くが過ぎていました。紆余曲折の末、なんとか借入金は完済することができました。独立して3人で始めた会社は当初、年商3000万円ほどだったものが、毎年増収増益を実現し、社員は約40名、年商は9億円を超えるまでに成長させることができました。そこで、ようやく70歳を目前にして会社の将来について考えることができるようになったのです。

事業承継にあたっては、多くの方がまずは子どもに会社を継がせたいと考えると思います。しかし、私の場合はまったく違いました。それには二つの理由がありました。

一つは、これまでも知り合いの経営者の会社などで親族間のもめ事が起きてしまい、結局は会社が傾いていくというケースを何度も見てきたことです。そのため、むしろ私は子供には会社を継がせてはいけないと考えていたのです。

そして、もう一つの理由は、子供には子供の人生があると考えていたからです。息子は自分の夢を叶えて医師になり、忙しい日々を過ごしていました。彼には家族もおり、すでに自分の人生の基盤を築いていました。

子供の幸せは親の願いです。それを壊すことなど私にはできませんし、そんなことをしたくはありません。それは彼が医師を目指して猛勉強を始めた高校生の時からの私の思いでした。

私には娘もいますが、すでに幸せな家庭を築いていましたし、とても経営をしていくようなタイプではありません。また、娘婿が会社を継ぐとしても、会社の事業に関してはまったくの素人です。これから学ぶにしてもそれ相応の時間がかかってしまいます。それに私の娘婿だからといって、仮にそんな素人が社長になったのでは社員たちが納得しないでしょう。やはり、事業のことを知っている人間が後継者としては適任だと考えました。

そこで、次に考えるのは幹部社員への承継ということになると思います。まず私は候補者を決め、アプローチをしてみました。すると、本人はやる気を見せてくれたのですが、ここにもむずかしい問題がありました。それは家族からの反対でした。

彼の奥さんは、「ありがたいお話ですが、夫には社長になって大きなリスクを背負ってほしくはありません」と言います。

価値観は人それぞれです。それに、自分が経験してきたこれまでの苦労を考えれば、彼の家族の気持ちも理解できます。そこで幹部社員への事業承継は一時棚上げすることにしたのです。

実は、この時点では私の中にはまだ葛藤がありました。自分が創業して、ここまで経営してきた会社を手放すことは、やはり勇気のいることです。同時に、まだまだ自分で経営できるという思いもあったからです。正直に言えば事業承継を先延ばしにしていたという部分もあったのです。

それから1年半ほどがたった頃、いよいよ私は本気で事業承継を考えるようになりました。そのきっかけとなった出来事は、私にとって悲しいものでした。創業からここまで、苦楽を共にしてきた2人の幹部社員が相次いで亡くなってしまったのです。1人はがん、もう1人は心筋梗塞。65歳と63歳という若さでした。

私自身は、親と先祖からもらった丈夫な体のおかげで持病も大病もなく、ここまで健康に暮らしてくることができました。しかし身近な、それも大切な人間の死は、私の考えに大きな変化をもたらしました。

人間は誰もが、いつか必ず死を迎えます。頭ではわかっていたことが、現実に自分の目の前まで迫ってくるようでした。私はすでに70歳を過ぎていました。

今は健康でも、いつか自分も病気になる時がくるでしょう。それは明日かもしれません。万が一、自分に何かがあった時に困るのは従業員たち、それに取引先です。それなのに私は、いざという時のための準備を何一つしていないことに、改めて気づかされたのです。

私は初めて事業承継について焦りを覚えました。自分も会社も健康体である今のうちに手を打たなければ、取り返しのつかないことになるかもしれない…そう考えた私は、本気で腰を据えて事業承継に取り組み始めたのです。

一番大事なのは相手企業とのシナジー

「あなたにとって会社とは、どういう存在ですか？」と訊かれれば、「私の人生そのものです」と答えます。

私自身は、いずれ亡くなる時が来ます。しかし、ここまで40年あまり苦労して育ててきた会社ですから、できるだけ長く存続させたい、社員たちが安心して働くことができる場所を確保するためにも廃業など考えられない、というのが私の思いでした。

会社を親族に継がせることは考えておらず、幹部社員もむずかしいのであれば、ここは冷静に考えて、次の選択肢として第三者への譲渡を検討するべきだと思いました。

もちろん、Ｍ＆Ａというものがあることくらいは知っていましたが、詳しい知識はありません。そこで、何人かの経営者仲間にそれとなく話をしてみると、Ｍ＆Ａに対するマイナスイメージからか、「会社を売るなんてやめたほうがいい」と言う経営者もいれば、「Ｍ＆Ａは今や常識。それはいい選択だ」と勧める経営者もいました。

やはり、最後の決断をするのは自分自身です。私は思い切って専門家に相談をしてみることにしました。それが日本Ｍ＆Ａセンターとの出会いでした。

Ｍ＆Ａコンサルタントの方の話は納得できるものでした。当然、自分の会社を他社に譲渡することには葛藤はありましたが、私の最大の希望は会社を存続させ、さらに発展させていくことです。お話をお聞きしていく中で、私が取り得る最善の方法はＭ＆Ａだと確信したのです。

まずは提携仲介契約を締結した後、買い手企業の候補のリストをいただくのですが、その数に驚きました。40社…いや50社は下らないという感じです。そこから、さらに絞り込んでいくわけですが、さまざまな手続きを経て、担当のＭ＆Ａコンサルタントの方からは最終的に4社から面談の申し入れがあったことを知らされました。

その中の1社にベルトコンベア部品ではトップメーカーであるＪＲＣ社がありました。ＪＲＣ社は大阪に本社を置く会社で、実は我が社とはこれまでに若干の取引があり、私も社長のことは存知上げていました。

詳しい事業内容までは把握していませんでしたが、直感的に「これはシナジーが見込める相手だ」と思いました。というのは、ＪＲＣ社はコンベアなどの部品メーカーで、我が社は環境プラントや搬送機械本体の設計から製造、メンテナンスまでを請け負っているのですから、お互いに事業を補完し合い、相乗効果が期待できると考えたからです。

私としては、まず従業員全員の継続雇用、そして会社の文化と私の考えを理解してもらえることが優先項目で、それ以外は譲渡金額の希望も特にはありませんでした。大きな会社ではありませんが、事業のシナジーと我が社の価値を見出していただければ、自ずと適正な金額が提示されるだろうと考えていたからです。

その後、トップ面談を行うことになりＪＲＣ社の浜口社長とお会いすることになりました。浜口社長はお父様から会社を引き継ぎ、２０１４（平成26）年に3代目社長に就任された方です。

まだお若いですが大変にしっかりした方で、じっくりお話するのは初めてでしたが、我が社の事業内容を高く評価していただき、また私の考えを非常によく理解していただきました。他にも好条件を提示していただいた企業や大手上場企業もありましたが、私は最終的なお相手としてＪＲＣ社を選んだのです。

ＪＲＣ社は幣社より数倍も規模が大きく、資金面での心配はないですし、何よりも私の考えを尊重していただけたのがうれしく、スムーズに最終契約の締結まで進みました。

ただし、買収監査（デューデリジェンス）に関わる手続きは、想像以上に微に入り細にわたるものでした。まず事前に、M＆Aコンサルタントの方から経営に関するさまざまな質問を受けます。長年の間に自分でも忘れてしまっていることもありますし、何か隠し事をしていても後からほころびが出てきます。私はすべて包み隠さずお答えしましたが、これからM＆Aを検討される方は覚悟をしておいたほうがいいでしょう。また、買収監査にあたっては膨大な資料を提出しなければいけません。これも相当に骨の折れる作業ですから、事前に準備を進めていくことをお勧めします。

なお、M＆Aを実施することを従業員たちに伝える際も慎重に行うべきです。私は調印式の1週間前に全員を集めて発表しました。突然のことに驚く者、なぜもっと早く教えてくれなかったのかと言う者もいました。

本来であれば、みんなの中から次期社長を選びたかった。今からでも遅くはない、俺が会社を引き継ぎたいという者がいれば手を上げてくれ。違約金を払ってでも白紙に戻す、という話をしました。そして、社長には寿命があるが会社には寿命はないこと、今よりもっといい会社になっていくのは間違いないから安心してほしい、ということを伝えました。

こうして２０１６（平成28）年６月に調印式を行い、商栄機材株式会社はＪＲＣ社の完全子会社として新体制のもと、新たなスタートをきったのです。

リタイア後の人生で大切なのは健康と自分なりの夢をもつこと

現在、私は浜口社長から請われる形で会社に残り、会長を務めています。業務についての引き継ぎも問題なく終えて、本社からいらした副社長と机を並べて仕事をする毎日です。

私が社長をしていた時とは仕事の進め方が違ったり、考え方の相違があることもありましたが、若干の企業文化の違いがあるのは当然で、それは些細なことであり、時が解決してくれました。私は会社のすべてをお任せしたわけですから特に口を出すこともありませんし、安心、信頼して副社長のサポートをしています。

現在の私の仕事量は、社長時代の10分の１といったところでしょうか。おかげさまで自由に使える時間を手に入れることができたので、今まではできなかったことをして楽しんでいます。といっても、ささやかなことです。平日に2日続けてゴルフをしたり、思い立ったらすぐに車を飛ばして下関にフグを食べに行ったり、といったようなことです。創業からこれまで仕事一筋で休みもなく、遊ぶということをしてこなかった私には、それで十分楽しいのです。

前にもお話ししたように、60歳の頃の私には会社の将来を考える余裕もなく、ただひたすら社員たちとともに仕事に打ち込んでいました。ですから、自分の年齢のことを意識したこともなく、前だけを見て、絶えず自己啓発に励む毎日だったことを思い出します。

今にして思えば、それも若さを保つ秘訣だったような気もしますが、経営者としては決してほめられたものではないとも思います。ですから、60歳を迎えた経営者の方々にアドバイスできるようなことなどないのですが、M＆Aの経験者として大切だと感じることは、大きく4つあると思っています。

まず大切なことは早めの決断です。誰でもいずれ引退をして会社を譲らなければいけない時がくるのですから、思い切って決断をするべきだということです。

たとえば体を壊してしまった場合、人間というのは急に弱気になるものです。すると体力も根気もなくなり、すべてがもうどうでもよくなってしまい、諦めの気持ちが強くなってしまいがちです。そうしたことから会社が傾いてしまい、最悪の場合は倒産してしまうといったケースを身近で何度も見てきました。そして問題となるのが、そうした経営者の場合、事業承継の準備などまったくしていないという現実です。

いざ問題が起きてから対処するのでは遅いのです。私の場合は70歳を過ぎてからの遅い事業承継だったわけですが、覚悟を決めてからの選択と決断を、スピード感をもって進めていったことでM&Aに成功できたのだと思っています。ですから、決断をしてM&Aの準備をしておくことに早過ぎるということはないと断言できます。

次に重要なのは、何のためにM&Aをするのかについて明確なビジョンをもち、優先順位を決めておくことです。このへんが曖昧なままだと決断の軸がぶれてしまい、正しい選択ができなくなります。

私の場合は、まず会社を存続させること、そして社員たちのためにも会社をさらに成長させていくことが最大の願いでした。そのために最適な方法は何かと考えていった時にM&Aに辿り着きました。ですから、子供など親族への事業承継には特にこだわらなかったために比較的スムーズな世代交代ができたと思っています。

さらには、健康を維持しながら人生の夢をもつことも大切です。

現在、私は毎日1時間のウォーキングを欠かしません。中小企業の経営者にとっては体が資本です。現場の一線から退いたとはいえ、いつまでも健康であるためには日頃の節制や体調管理を心がけています。

70代も中盤になれば、身近でも多くの人が倒れていくのを経験します。実際、健康のありがたみを本当に実感するのは65歳くらいからかもしれません。だからこそ60歳から準備を始めて、65歳を過ぎたら本格的に体調を気遣い、70歳を過ぎたら無理のない範囲で健康維持に努めることが大切だと実感しています。

夢といっても大袈裟なものは必要ありませんし、お金をかければいいというものでもありません。旅行に行くのでも、美味しいものを食べるのでも、趣味の世界を極めるのでも、何でもいいのです。その人なりの人生の楽しみを、私は夢と捉えています。身近な経営者を見てみても、リタイア後の生活に張り合いがないという人もいますが、夢をもたなければ日々の人生がつまらないものになってしまい、老け込んでしまうでしょう。それが怖いがために会社にしがみつき、事業承継が遅れてしまうというのもよくあることです。

また、リタイア後のお金の心配をされる方もいらっしゃると思いますが、私はお金に苦労してきた分、お金に縛られる人生は送りたくないと考えてきました。ですから、子どもたちに財産を残すことも考えていません。「児孫《じそん》のために美田《びでん》を買わず」と遺訓を書き遺したのは、かの西郷隆盛だといわれていますが、まったく同感です。

遺産など遺せば親族間の諍いの種になる可能性があります。苦労もせず手に入れたお金が子供のためになるとも思えません。人間にはそれぞれ器があり、その器に見合ったお金が手に入るのではないでしょうか。そうであるならば、自分が一生懸命に働いて稼いだお金は〝生きたお金〟として、たとえば慈善団体などに寄付することも含めて自分で使えるだけ使って世の中に返すのが筋であり、それでこそ人生を生き切ったといえるのではないかと思うのです。財産の承継に関してはあまり参考にならない話かもしれませんが、それが私の哲学であり、子供たちにはそのように話をしています。

そして、最後にお伝えしたいのは、100%を望まないということです。

M&Aでは譲渡企業は少しでも高く売却したい、譲り受け企業としては少しでも安く買収したいという思惑が働きます。お互いが要求を100%通したいと思えば、それはどのような交渉でもうまくいくわけがありません。もちろん、こだわりをもつことも大切ですが、欲の塊にならず、妥協案を見極めることも必要です。譲れないラインを決めたら金額などにはあまりこだわらず、相手の人間性と相性を見てください。ここは理屈や打算では解決できない部分です。肌感覚とでもいうのでしょうか、気持ちのよい人間関係を結ぶことができ、信頼関係を築いていける社長、会社を選びましょう。

以上がM＆Aを経験した私が、これから事業承継を経験されるであろう経営者の方々にお伝えできることです。


今の私は、日々の生活の中で小さな目標をつくり、自己を啓発し続ける毎日です。でも、正直に言えば……実は今でもふと寂しくなることがあるのです。自分の会社を手放したことで、銀行の担当者と交渉することもなくなり、仕入先や取引先との関係も疎遠になっていきます。脳内にアドレナリンがあふれることも、仕事への情熱を感じることも少なくなってしまいました。

会社の経営に関して何の後悔もないと言えば、それは嘘になるでしょう。あれをしておけばよかった、こうすることもできたという思いもあります。自分も健康、会社も健康であるからこそ、もう5年、せめて3年は仲間たちといっしょに仕事をしたかったというのが本音です。

しかし、いつまで経営を続けたらいいのか、本当の引き際はいつなのか、そのタイミングは私の寿命と同じで誰にもわかりません。私が自分で選択をして、決断をしたという事実があるだけです。

それでも、最終的にはこれでよかったと心から満足しています。

ここまで経営を続けてこられたこと、会社が永続していくための基盤を築くことができたことに誇りを感じています。

そして、健康でいられることに喜びと感謝を感じながら、自由を満喫し、これからも住み慣れたこの加古川の地で生きていきたいと思っています。

体験2

44歳から事業承継を考え、56歳でM＆Aを実行。社員と家族の幸せを実現する

中尾敏彦氏　株式会社向井珍味堂　会長
大阪府大阪市／きな粉・各種香辛料等製造販売業

他にはない、珍しい、おいしい味のものをつくる会社

第2次世界大戦の戦況が悪化していく中、戦地からの一報が入り、家族の誰もが、ビルマ（現ミャンマー）に出征していた父は南方の地で死んでしまったと諦めていたそうです。

ところが終戦後、少しすると父がひょっこり帰ってきました。聞くと、「乗っていた船が敵に撃沈され、海に飛び込んだ。泳いで逃げた人たちはみんな方向感覚をなくして溺れてしまったが、自分は海に浮かんでじっとしていた。ちょうどそこに通りかかった日本の船に見つけてもらい、たまたま助かった」というのです。

私はそんな話を父から聞いて、子供ながらに、人の生死というのは不思議なものだと感じたものでした。

向井珍味堂は、私の祖父と父が1947（昭和22）年に大阪で創業した、きな粉や唐辛子などの香辛料等を製造・販売する会社です。

戦前、祖父の向井浅吉は家具の製造業を営んでいました。最盛期には70人の家具職人を抱え、大阪の天王寺に工場を構えていたものの、戦災ですべてを失ってしまったそうです。

父の中尾堯雄は祖父の甥っ子でした。浅吉の長女である私の母・冨喜子と結婚して家具工場を手伝っていたのですが、戦地から奇跡的に帰ってみると工場は丸焼けで何もない状態です。そこで、祖父と父で相談した結果、「家具よりも食べ物がええやろ」

ということになり、唐辛子の販売を始めることになったといいます。

物資が極端に不足していた時代。食料は配給制で、特に都市部の食料難は深刻でした。そのため、街の焼け跡には闇市が立ち、庶民の食を支えていました。父は竹の筒に七味唐辛子を詰めて闇市でも売っていたといいます。

ある時、大阪・鶴橋の問屋のおばちゃんとの会話で、「あんた、きな粉を扱ったらええで」と言われたことが転機になりました。

当時は〝ヤシ粉〟というヤシ科の植物からとれるでんぷんの粉が米や小麦などの代用品として配給されていたものの、ヤシ粉からつくった団子などはまずくて食べられたものではなかったといいます。それで、「団子にきな粉をまぶせば美味しくなる」と言うので、きな粉を扱ったところ、これが当たったというわけです。

こうして、向井珍味堂の礎が築かれたわけですが、何がきっかけとなるかわからないものです。

ちなみに当社の風変わりな社名は、「他にはない、珍しい、おいしい味のものをつくる会社」という意味を込めて名づけられています。

会社を継ぐことは考えもしなかった学生時代

私が生まれたのは1955（昭和30）年、戦後10年がたち、日本が復興期から高度経済成長期に入ったといわれる時期に重なります。

小さい頃は人見知りで神経質な子供でしたが、小学2年生の時に阿倍野区から平野区に引っ越したことが、人生で初めての転機になりました。

当時の平野区はガラの悪い地域で、転校生などはメチャクチャいじめられたのですが、おかげで私は鍛えられ、その後はどこに行っても怖いものはなくなりました。社長時代は、よく大阪のテレビ番組にも出演しましたが、あまり緊張しないし度胸があるのは、小学校時代に悪ガキたちに鍛えられた影響かもしれません。

中学生になると友達のお父さんからマージャンを教えてもらったのをきっかけに、土曜日になると工場の敷地内の専用の場所で、昼間から友達を集めて卓を囲んでいました。

座ってばかりいると体がなまるというので、みんなで野球やサッカー、ローラースケートなどもよくやりました。小中高校時代で、トータル1000枚くらいは近所の家の窓ガラスを割ったと思います。おかげで私の小遣いの多くはガラス代に消えてしまいましたが、一緒にやんちゃな遊びをすることで、昔は私をいじめていた不良連中とも仲良くなっていきました。

高校は大阪の名門・天王寺高校に進学しましたが、特に目立つこともなく学校生活を送っていました。サッカー部に入部したものの下手くそなままで、高校2年生の時に腰を痛めて部活を断念。おまけに好きな女の子にはふられ、勉強も手につかなくなって成績は下がる一方でした。

それでも、走るのは得意で持久力だけはありました。長距離走ならいくら走っても疲れないし、しんどくないのです。

高校2年生の秋に校内駅伝大会があり、全校で2位、学年で1位になったことがありました。私にとって走ることは人に勝つことができる唯一の方法で、おかげで劣等感を払しょくできたのです。

3年生になると大学受験のために猛勉強を始めました。私は理系人間で古文などは苦手。数学も得意ではなかったけれど、物理と化学は好きでよく勉強しました。

1973（昭和48）年は第一次オイルショックが起きた年で、世の中は騒然としていました。当時の京都大学の工業化学系には5学科があり、倍率を調べたところ石油化学科が一番低い2・1倍で、合格ラインの点数も低いほうでした。

人気薄であること、それに工業化学系はどの学科も学ぶことはそれほど変わらないと知人に教えてもらったことから石油化学科を受験し、なんとか合格することができたのです。

私にとって、将来はまだぼんやりとしたものでしたが、おぼろげに、大学を卒業したら何かしら技術屋のスペシャリストになりたいと考えていました。

その頃は会社の業績が最も苦しい時期だったようです。私を大学には行かせられないかもしれないと思っていたと父から聞いたのは、だいぶ後のことです。そうした事情もあって、父からは会社を継げとは一度も言われたことはありませんでしたし、私も家業を継ぐことなどまったく考えていなかったのです。

休学して自分を見つめ直した経験が社会人としての基礎をつくった

大学時代はサークル活動でテニスに熱中したものの、心のどこかではいつも満たされないものを感じていました。そんな私の人生が動き出したのは3回生になった頃です。ふと、「俺の人生、このままでいいのか？」と不安と疑問が心に湧き上がってきたのです。

私は、いてもたってもいられなくなり、大学を1年休学してアルバイト三昧の日々を送ることにしました。働くことで社会を知り、世の中の仕組みを学ぶことを通して、自分に何ができるのか、自分の能力や人間としての器はどの程度のものなのかを知りたいと思ったのです。

父に相談すると、「お前がそう思うんやったら好きなようにやれ」と言ってくれました。子供の頃から、あまり父との会話はなかったので、私はこの時初めて父の懐の深さを実感しました。

飲食店での接客から引っ越し作業の肉体労働まで、さまざまなアルバイトを経験しました。働くことの楽しみや喜びを感じていましたが、短期の仕事を繰り返していると社会に出てから転職グセがついてしまうのではないかと考えた私は、「京の台所」とも呼ばれる京都の錦市場にある老舗の酒屋で腰を据えて働くことにしました。

あいさつをはじめとした礼儀作法から教えられ、その後は配達と集金を任されたのですが、ここでの半年間の経験は私の大きな財産になりました。

店の女将さんは人を動かす達人で、私ら従業員をほめる時も叱る時も、その場でしっかり対応してくれるのです。そうすると、従業員たちは納得して働くことができ、モチベーションも上がります。

組織の大小の違いはあっても、人材の育成やマネジメントの基本は変わりません。私は、社会人としての基礎とリーダーの心得といったものを女将さんから教えていただいたと思っています。

翌年、大学に復学しましたが、その後の就職では苦労をしました。当時の理系は求人が少なく就職難の時代で、同じ学科にいる55人の学生に対して求人は40人というような状況でした。

私は、たまたま先輩が働いていた縁で、長瀬産業株式会社という化成品や医薬品を扱う専門商社になんとか就職することができました。なかなか就職が決まらず胃潰瘍になりかけていたので、内定が出た時には本当に安心したものでした。しかしこの時は、その後に経験するハードな毎日をまだ知る由もなかったのです。

家業を継いだのは自分で納得して生きたいと思ったから

私が配属されたのは、合成樹脂部でした。聞くところによると、社内で最も仕事がきつい部署だといいます。実際、他の同期が配属された部署では、新人の場合、研修期間も含めて半年間は見習い期間のようなものなのに、合成樹脂部では3カ月後には担当先をどんどん任され現場に放り込まれました。

接待などで酒を飲み、帰宅は夜中の3時というのが日常でした。東洋工業株式会社（現マツダ）の担当の時には値上げ交渉を行い、1カ月の間ほとんど家に帰ることができず、家で晩ごはんを食べたのは1回だけということもありました。

入社1年目の頃は、毎日会社に行くのが嫌でしょうがありませんでした。それでも、家業を継ぐという考えはまだなく、仕事が嫌で逃げて帰ってきて、しようがなく親の会社に入った、などということは絶対にしたくないという思いがありました。

しかし、3年が過ぎて仕事ができるようになり、少しは周りを見渡す余裕が生まれた頃、改めて自分の未来について考えました。

人生の目標にすることができる人や、ついていきたいと思える上司を見つけることはなかなかできませんでした。尊敬できる上司や先輩は、異動になったり病気で体を壊したりして、次々にいなくなってしまいます。「会社に使い潰されたくない」「会社の都合で死ぬのは嫌や」と本気で考えました。

親に言われたから仕方なく、ということではありません。自分の人生なのだから自分で納得して生きたいと強く思った時、私は初めて真剣に家業を意識し始めたのです。また、この頃の中尾家は大きな転機を迎えていました。私は26歳で結婚したのですが、同じ年、母に末期がんが見つかったのです。

もともと体の弱かった母でしたが、経理と人事、総務の仕事を一手に引き受け、会社の屋台骨を支えていました。父と母は「とりあえず、70歳まではなんとか会社を続けよう。敏彦が継がないのなら、廃業しよう」と覚悟を決めていたといいます。しかし、当時まだ53歳だった母の命はもう消えかけていました。

母が余命3カ月の宣告を受けた時、頑固だった父が初めて弱音を吐きました。私の部屋に来て、「わし、もうあかんわ。やっぱり手伝うてくれへんか」と泣きながら言うのです。

その時、私の覚悟は決まったのです。

2年後の1984（昭和59）年、私は向井珍味堂に入社しました。結局、長瀬産業には5年間お世話になりました。今振り返っても、厳しいながらも充実した会社員時代だったと思います。ニッチな世界の隙間産業で高い利益率を上げるというビジネスはおもしろく、ここでの経験は後に向井珍味堂の経営にも生かされることになります。

会社の現実を知り自分なりの改革を始める

入社前、向井珍味堂について分析してみたことがありました。まずは自分でつくったソフトに会社の数字を入力してみると、小さいながらも利益率が良く、これはおもしろそうだと感じました。

また、他の会社では扱っていない独自商品をもっているという大きな強みがあることも、改めてわかりました。高知の四万十川で採れた国産の天然青のりや、小ロットでも多品種を取り揃えた絶品のきな粉などです。

こうした商品の強みや特色があるなら、自分にも経営していくことができるのではないかと考えたのですが、入社して会社を中から見てみると、その内実に愕然としました。

まず、会社の体制の古さが問題でした。ファックスもコピー機もない。計算はそろばんで、帳簿などすべては手書き。しかも父は、「相手に値切られるから、電話はこっちからかけるな」と言います。

また、乾物には虫がわくことがあります。当然、お客さんからクレームがきます。すると父は、「虫がわくのは安全で美味しい証拠です」と言います。お客さんが怒ると、「ごちゃごちゃ言うなら買うてくれんでよろしい」と言って、電話を切ってしまうのです。

商社マンとして5年間鍛えられてきた私としては、そうした対応は許し難く、ことあるごとに父とぶつかり、戦わなければいけない場面がありました。そのため、食事中でもお互いに目を合わせない冷戦状態になったものです。親子で家業の商いをすることのむずかしさを痛感しました。

このままの古い体制、価値観のままでは会社はもたない、そう遠くない将来に危機が訪れると感じた私は、自分なりの改革を進めていくことにしました。きな粉、青のり、ごま、唐辛子という素材をただ卸問屋に売るのではなく、独自商品の開発を始めることにしたのです。わらび餅やくずもちなどの、お菓子の製造・販売です。

そうした経営努力のかいもあって、5億円ほどだった売上げを10年後くらいには約8億円まで増やすことができました。今では私がつくってきた仕事が、当社の売上げの約7割を占めています。

私が入社した当時は、乾物問屋への売上げが全体の7割くらいありました。それが現在では1％もありません。経済構造が変化していく中で、卸問屋が必要とされなくなっていき、多くの問屋が倒産、廃業していったことも大きな原因です。

私は29歳で向井珍味堂に入社し、31歳で専務に、44歳で社長に就任しましたが、この15年間は経営のむずかしさを知ると同時に、挫けず、いじけず、常にチャレンジし続けた時代でした。

社長就任後も、大手食品メーカーと〝きな粉アイスクリーム〟を共同開発し、きな粉スイーツブームを牽引。また、業界初の殺菌・害虫殺卵技術の特許を取得するなど、経営改革を進めていきました。

もちろん、こうした経営改革が初めからうまくいったわけではありません。ビジネス環境の構造変化に加え、産地の天候の変化による作物の不作という不安要因は絶えずありましたし、社内人材の問題なども大きな悩みの種でした。

社長に就任した44歳から事業承継を真剣に考え始める

私たち夫婦には、なかなか子供ができませんでした。ようやく女の子を授かったのは結婚から7年目のことです。本当にうれしくて、自分の子供というのはこんなにかわいいものなのかと実感しました。しかし、喜びの裏で会社にはまた大きな転機が迫っていました。

向井珍味堂に入社した時、私は一番年下で、周りは古株の社員ばかりでした。その時、ふと思ったのです。「この人たちが会社を去った後、会社はどうなってしまうのだろう」と。

社長である父は人材採用や育成には無頓着なところがあったので、私が採用やスカウトに力を入れ始めたのですが、すぐに不安は現実のものになりました。定年退職や長期入院などで、従業員たちが次々に欠けていったのです。一番大きかったのは、古くからの番頭さんの死でした。

母が亡くなった後、この方が経理を担当していましたが、請求書から何からすべて手書きで、計算はそろばんという方でした。私は、このままでは会社の経理がブラックボックス化してしまうと危惧していました。

ある日、体調が悪いというので病院に行ったのですが、彼はそのまま帰ってくることができず１週間後に亡くなってしまったのです。私の手元には３００枚以上の請求書が残り、しばらくは毎月、私が２日間徹夜をして処理することになりました。

その数年後には父が病に倒れ、下半身不随で介護が必要な状態になってしまいました。私は人の運命の不確かさに不安と怖れを感じながらも、同時に販売管理のシステム化や新卒の求人・採用による次世代の人材育成に注力していきました。

そうした経験もあって、１９９９（平成11）年に代表取締役社長に就任したタイミングで、事業承継について本格的に考え始めたのです。人材リスクを分散しなければいけない。そもそも、社長である自分自身が最も大きなリスクではないか、と気づいたからです。

準備をするのに早過ぎることはありません。人間には寿命があるように経営者にも当然、寿命があります。「自分が病に倒れたり、死んでしまったりしたら、その後の会社をどうすればいいのか…」そんな声が常に耳の奥で聞こえているような思いでした。

可能性があることであれば、何でも実行してみよう。こう私は考えました。そこで、まずM&Aについて学ぶために、大阪商工会議所が開催していた事業承継セミナーを受講しました。

これが日本M&Aセンターさんとの初めての出会いですから、その後も長いおつき合いになりました。

M&Aについては、まったく知識がなかったので、セミナーでは目からうろこが落ちる思いでした。ただ、さすがに社長に就任にしたばかりで、すぐに会社を譲渡することは考えられません。そこでまず考えたのは、幹部社員への承継でした。

中小企業基盤整備機構が行っている「中小企業大学校」で泊まり込みの研修を受けたり、中小企業家同友会で社員への事業承継を学び、実際に経験者の方のお話を聞いたりといったことも経験しました。

社内で「4人会」というものを立ち上げ、工場、営業、業務管理それぞれの部門からリーダー候補を選んで、コンサルタントにも入ってもらい、泊まり込みの研修を行なったこともありました。

しかし、最終的には後継者を選ぶことはできませんでした。やはり、会社を経営することと業務が優秀であることとは別物だと痛感したのです。

その後、息子だったらよかったのにと思えるほど私が期待をかけた若手社員を後継者として育成することも考えました。とはいうものの、当社のような規模の会社では、親族でない人間が社長になるには周囲からの理解やサポートが得られず、また自社株の買い取り資金の問題もあり、結局は断念をせざるを得ませんでした。

最終的にM＆Aによる事業承継を決意したのは、娘が大学を卒業した２０１３（平成25）年のことです。娘は「私は女やし、お父さんとお母さんの仕事ぶりを見てたら体力的にも無理や」と言います。

親としたら、嫌だと言うのに無理に会社を継がせるわけにもいきません。それに正直なところ、娘には会社経営はむずかしいと考えていました。

会社の創業から祖父と父が経営をしてきた30年ほどを第1創業期とすれば、その後に私が入社し、社長をしてきた30年間は第2創業期です。この間、当社のビジネスモデルは転換期にきていると感じていました。

この先の30年間を考えた時、娘が社長としてオーガニック経営で会社を成長させていくことができるだろうか。イノベーションを起こすことができるだろうか。

それはむずかしいだろうな、と感じたのです。今後も会社を存続させ、さらなる成長を実現するためにはM&Aによるレバレッジ経営に舵を切るしかない。そのタイミングは今だ、と考えたのです。

お相手の条件は当社のよさを理解してくれること

日本M&Aセンターから相手候補を紹介された中で、私が最終的に資本・業務提携を決断したのは、鹿児島県日置市に本社を構える株式会社ヒガシマルでした。

ヒガシマル社は、奇しくも創業が当社と同じ1947（昭和22）年。養魚用配合飼料や乾麺、即席麺、めんつゆなどの製造を主事業として展開している食品製造会社であり、養魚用配合飼料では国内トップシェアを誇り、世界の約20カ国に輸出をしています。

実はその1年前にも、日本M＆Aセンターのコンサルタントである雨森良治さんからヒガシマル社との業務提携のお話をいただいていました。しかし、当時はヒガシマル社が他の会社とのM＆Aを進めていたため、白紙に。

ところが、ヒガシマル社は当社の価値を認めてくださり、資本・業務提携の話を温めていてくださったのです。私は、その思いをうれしく感じて、交渉を進めることにしたのです。

私がM＆Aのお相手を選ぶ条件は、やはり当社のよさを理解していただけるかどうかが重要でした。たとえ小さなマーケットでも、その中で大きなシェアを占める商品を当社はいくつかもっています。その中でも一番の強みは、きな粉です。

当社では、きな粉だけでも約60種類の品目を取り揃えています。関西のマーケットは年間約1500トンになりますが、そのうちのおよそ1000トン、つまり3分の2を当社が製造しています。

その中には「向井珍味堂ブランド」の商品もありますし、当社が黒子となりOEMメーカーとして他社ブランドに商品を供給しているものも多数あるのです。

きな粉を使った商品開発も多数手がけています。たとえば、大手菓子メーカーとの共同開発商品としての〝きな粉チョコレート〟や〝きな粉アイス〟、あるいは大手ドーナッツチェーンで販売している、きな粉をまぶした米粉ドーナッツなどもあります。

また、当社のきな粉の特徴としてあげられるのは、ほぼ無菌であることです。この業界には「一般生菌数基準」というものがあります。通常のメーカーの場合、きな粉の中にある程度の菌がいるものなのですが、当社のきな粉はほぼ無菌に近い状態なのです。だから、味も香りも抜群にいいわけです。

このような高品質のきな粉を、少量多品種でも大量生産でもどちらでも対応できるシステムを構築してきたのですが、このシステムと、それに携わる若い職人が多数在籍していることも、当社の強みになっていました。

きな粉や唐辛子、青のりがなくても、食生活に困ることはないかもしれません。しかし、これらの商品がもつ味や香りがあることによって、さまざまな料理が一段高いレベルの味に引き立てられ、さらに美味しくなります。

ですから、当社が製造する製品によって、お客様である各メーカーの値打が上がります。さらには、それを食べていただいたエンドユーザーのお客様に、改めてきな粉や唐辛子の価値に気づいていただける。それこそが私の喜びであり、「名脇役」であることが私の誇りなのです。

「神は細部に宿る」という言葉があります。私は、他社とは一味違う味を生み出す技術力をわかっていただけるお客様に、当社の製品をお売りしたいと考えて経営をしてきたのです。ベストセラーではなくロングセラーのニッチな商品や、今までなかった新しい商品を開発して、お客様に提案していくことは私のやりがいでした。

この先も長く愛され続ける、きな粉屋であり唐辛子屋でありたいということが私の願いなのです。ですから、会社や事業を承継するだけでなく、私のこの思いや理念、哲学も承継したいと考えていたのです。

M＆A後は会長として仕事をしながら悠々自適の生活

ヒガシマル社の社長の東紘一郎さんは、物腰が柔らかく、穏やかな中にも仕事に対する真摯でひたむきな情熱を感じる方でした。

私の思いをお話しすると、東社長は深くうなずき共感をしていただきました。そのうえで、両者の資本・業務提携により生み出されるシナジーを最大限に発揮していくこと、当社の文化を尊重していただき社員の待遇も変わらないこと、などを約束していただきました。

その後の段取りは順調に進み、2013（平成25）年7月に契約締結、調印式を経て、両社の資本・業務提携と事業承継が成立したのです。

経営課題だったトップダウン経営から脱却して、社員1人ひとりが自立し働いていける体制が整い、社員も生き生きと仕事に取り組んでいるのを見ると、M＆Aを決断して本当によかったと思います。

前社長としては少し寂しい気もしますが、社員たちが成長していく姿を見るのは頼もしくもあります。

私は会長兼最高顧問に就任し、3年の任期を終えた今は週に1回出社する程度です。時間ができたことで妻と海外旅行に出かけたり、趣味のカメラやゴルフを楽しみながら、悠々自適の生活を送っています。

現在は、「産業交流フェア」という、ものづくりの中小企業の情報発信の応援事業にも取り組んでいます。各工業会や産業会、中小企業家同友会、それに平野区役所や東住吉区役所などから支援をいただきながら、年に1回のイベントを楽しみながら続けています。

M＆Aが実現して一番よかったことは、妻が本当に喜んでくれたことでした。妻には、初めは会社の仕事を手伝ってもらう予定が、結局は経理や総務の仕事をすべて任せてしまうことになってしまいました。また長い間、介護が必要になった父の面倒をよくみてもらったので、迷惑のかけ通しだったのです。改めて感謝をしています。

これから事業承継を考えている経営者の皆さんに私がアドバイスできることがあるとすれば、準備をするのに早過ぎることはないということ、そして多様な選択肢をもって取り組んでいくことです。

本当に人生では何が起きるかわからないのですから。

また、何歳まで社長をやるのか、自分の定年を決めておくことも大切です。そうしないと、ズルズルと社長を続けて、すべてが後手に回ってしまいかねません。定年の年齢を決めたら、そこから逆算して、何歳までに何をしなければいけないのかがわかってきます。そう考えると、50歳くらいから準備しても間に合わないかもしれません。

私の場合は44歳で事業承継問題に取り組み始め、実際に実行したのは56歳の時でしたが、この期間あれこれ勉強し、試行錯誤したことはすべて事業承継の成功に結びついていると思っています。

1回きりの自分の人生です。

これまで、最後はすべて自分で決めてきましたから、何の後悔もありません。今、私は肩の荷を降ろし、ようやく安心を手に入れることができたと感じています。

執筆協力紹介

事業承継ナビゲーター

日本 M&A センターと青山財産ネットワークスとの合弁会社。
事業承継、財産活用に関する総合コンサルティングを行う。事業承継や財産承継に関する経営者の悩みをトータルにサポートする。

https://shoukei-navi.co.jp/

青山財産ネットワークス

資産運用を中心に、相続、事業承継、不動産も含めた総合財産コンサルティングを行う。東証二部上場。

http://www.azn.co.jp/

著者紹介

三宅 卓（みやけ・すぐる）

株式会社日本M＆Aセンター　代表取締役社長
1952年神戸市生まれ。日本オリベッティを経て、株式会社日本M＆Aセンターの設立に参加。数百件のM＆A成約に関わって陣頭指揮を執った経験から、「中小企業M＆Aのノウハウ」を確立し、品質向上と効率化を実現。営業本部を牽引し大幅な業績アップを実現して上場に貢献。中堅・中小企業のM＆A実務における草分け的存在であり、経験に基づくM＆Aセミナーは毎回好評。
中小企業M＆Aの第一人者として、テレビ東京系「カンブリア宮殿」「WBS（ワールドビジネスサテライト）」、日本経済新聞「交遊抄」ほか、テレビ、新聞、雑誌など、メディアでも活躍中。
主な著書に、『会社・社員・お客様　みんなを幸せにするM＆A』『会社の買い方教えます。』（以上、あさ出版）、『会社が生まれ変わるために必要なこと〜M＆A「成功」と「幸せ」の条件』（経済界）など。

https://www.nihon-ma.co.jp/

後悔《こうかい》を残《のこ》さない経営《けいえい》
社長《しゃちょう》が60歳《さい》になったら考《かんが》えるべきこと
やるべきこと やってはいけないこと

〈検印省略〉

2018年　9　月　8　日　第　1　刷発行

著　者——三宅　卓（みやけ・すぐる）
発行者——佐藤　和夫

発行所——株式会社あさ出版
〒171-0022　東京都豊島区南池袋 2-9-9 第一池袋ホワイトビル 6F
電　話　03（3983）3225（販売）
　　　　03（3983）3227（編集）
F A X　03（3983）3226
U R L　http://www.asa21.com/
E-mail　info@asa21.com
振　替　00160-1-720619

印刷・製本 美研プリンティング（株）

facebook　http://www.facebook.com/asapublishing
twitter　http://twitter.com/asapublishing

ISBN978-4-86667-068-3 C2034